会计
基本技能

主编◎梁 萍

5 1 7 6 8 2 3 4

KUAIJI
JIBENJINENG

经济管理出版社
ECONOMY & MANAGEMENT PUBLISHING HOUSE

图书在版编目（CIP）数据

会计基本技能/梁萍主编 . —北京：经济管理出版社，2014.9

ISBN 978-7-5096-3290-1

Ⅰ.①会…　Ⅱ.①梁…　Ⅲ.①会计学-中等专业学校-教材　Ⅳ.①F230

中国版本图书馆 CIP 数据核字（2014）第 174707 号

组稿编辑：魏晨红

责任编辑：任爱清

责任印制：黄章平

责任校对：超　凡

出版发行：经济管理出版社

　　　　　（北京市海淀区北蜂窝 8 号中雅大厦 A 座 11 层　100038）

网　　址：www. E-mp. com. cn

电　　话：（010）51915602

印　　刷：三河市延风印装厂

经　　销：新华书店

开　　本：787mm×1092mm/16

印　　张：11

字　　数：181 千字

版　　次：2014 年 9 月第 1 版　2014 年 9 月第 1 次印刷

书　　号：ISBN 978-7-5096-3290-1

定　　价：28.00 元

前　言

　　根据教育部颁布的中等职业学校会计专业课程设置和会计基本技能教学要求，为适应经济的发展，满足中等职业学校会计人才培养和全面素质教育的需要，编写了这本教材，供中等职业学校会计专业使用。

　　《会计基本技能》是中等职业学校会计专业学生必修的专业基础课程。本教材在编写上注重实用性，密切联系我国会计工作实践及中等职业学校学生的实际情况，力求做到传统计算工具与现代电子计算工具相结合。着力培养学生掌握适应各种经济业务特点的计算方法与技能，使学生具备成为高素质的劳动者和中初级专门人才的专业技能。本书包括所必需的会计数字与文字的书写、珠算的基础知识、珠算加减法、珠算乘法、珠算除法、点钞及人民币相关知识、电子计算工具的应用七个部分。本书通俗易懂、图文并茂，教学内容直观，适合学生自学。为增强学生的学习能力，把理论与实际操作融为一体，重训练，轻理论，为学生学习专业知识、熟练掌握职业技能、提高整体素质、增强适应职业变化和继续学习的能力打下坚实的基础。

　　本书参考教学及训练课时为 72 学时，使用时可根据实际需要进行调整。

各章参考学时分配表

章　次	学　时	章　次	学　时
第一章	4	第五章	10
第二章	4	第六章	12
第三章	18	第七章	12
第四章	10	机　动	2

　　本教材由梁萍主编，第一章、第四章、第五章、第六章由梁萍编写，第二章由何星晔编写，第三章由程晓芳编写，第七章由詹勇编写。由于编写时间仓促，水平所限，书中难免存在不足之处，请各位专家、教师批评指正。

目　录

第一章　会计数字与文字的书写 ……………………………………… 1

　第一节　会计数字的书写 …………………………………………… 1

　　一、会计数字书写的有关规定 …………………………………… 1

　　二、账表凭证上阿拉伯数字的书写要求 ………………………… 3

　第二节　会计文字的书写 …………………………………………… 4

　　一、用正楷字体或行书字体书写 ………………………………… 4

　　二、"人民币"与数字之间不得留有空位 ……………………… 4

　　三、有关"零"的写法 …………………………………………… 4

　　四、数字前必须有数量字 ………………………………………… 5

　　五、票据的出票日期必须使用中文大写 ………………………… 5

第二章　珠算的基础知识 …………………………………………… 7

　第一节　珠算的起源与发展 ………………………………………… 7

　　一、珠算的起源 …………………………………………………… 7

　　二、珠算的发展 …………………………………………………… 8

　　三、珠算的国际化 ………………………………………………… 8

　　四、非物质文化遗产的成功申报 ………………………………… 9

　　五、珠算在当今电子计算机时代仍具有强大的生命力 ………… 9

　第二节　算盘的种类与结构 ………………………………………… 10

　　一、算盘的种类 …………………………………………………… 10

　　二、菱珠算盘的结构 ……………………………………………… 11

　第三节　算盘的认位与置数 ………………………………………… 11

　　一、认位 …………………………………………………………… 12

　　二、看数与置数 …………………………………………………… 12

第四节 珠算拨珠法 ······ 13

　　一、坐姿 ······ 13

　　二、握笔 ······ 13

　　三、拨珠指法 ······ 14

第五节 珠算常用术语 ······ 21

第三章 珠算加减法 ······ 23

第一节 珠算基本加减法 ······ 23

　　一、口诀加减法 ······ 23

　　二、无口诀加减法 ······ 24

第二节 简捷加减法 ······ 34

　　一、借减法（倒减法） ······ 35

　　二、补数加减法 ······ 42

　　三、低位起算法 ······ 47

　　四、穿梭运算法（来回运算法） ······ 47

第三节 珠心算结合加减法 ······ 47

　　一、数字组合 ······ 48

　　二、多行加减法 ······ 49

第四节 传票算和账表算 ······ 57

　　一、传票算 ······ 57

　　二、账表算 ······ 61

第五节 加减差错查找法 ······ 63

　　一、加减验算 ······ 63

　　二、常见差错的查找 ······ 63

第四章 珠算乘法 ······ 65

第一节 乘法基础知识 ······ 65

　　一、数的定位 ······ 65

　　二、积的定位 ······ 66

　　三、大九九口诀 ······ 68

第二节 置数后乘法 ······ 70

　　一、一位数置数后乘法 ······ 70

二、多位数置数后乘法 …………………………………………… 73
第三节　空盘前乘法 ………………………………………………… 79
一、一位数空盘前乘法 …………………………………………… 79
二、多位数空盘前乘法 …………………………………………… 82

第五章　珠算除法 …………………………………………………… 88
第一节　珠算除法定位 ……………………………………………… 88
一、公式定位法 …………………………………………………… 88
二、固定个位档定位法 …………………………………………… 90
第二节　隔位商除法 ………………………………………………… 93
一、一位数隔位商除法 …………………………………………… 93
二、多位数隔位商除法 …………………………………………… 96
第三节　补商与退商 ………………………………………………… 100
一、补商 …………………………………………………………… 100
二、退商 …………………………………………………………… 102
第四节　不隔位商除法 ……………………………………………… 103
一、一位数不隔位商除法 ………………………………………… 104
二、多位数不隔位商除法 ………………………………………… 107

第六章　点钞及人民币相关知识 ………………………………… 111
第一节　点钞的基本要领 …………………………………………… 111
一、点钞基本要领 ………………………………………………… 111
二、点钞的基本环节 ……………………………………………… 113
第二节　手持式点钞法 ……………………………………………… 114
一、手持式单指单张点钞法 ……………………………………… 114
二、手持式四指拨动点钞法 ……………………………………… 116
三、手持式五指拨动点钞法 ……………………………………… 117
第三节　手按式点钞法 ……………………………………………… 118
一、手按式单张点钞法 …………………………………………… 118
二、手按式二张点钞法 …………………………………………… 118
三、手按式三张点钞法 …………………………………………… 119
第四节　扎钞方法 …………………………………………………… 119

一、缠绕式 ……………………………………………… 119

二、扭结式 ……………………………………………… 120

第五节　人民币的相关知识 ………………………………… 120

一、人民币知识 …………………………………………… 120

二、2005 年版第五套人民币防伪特征 ……………… 120

三、识别假币 ……………………………………………… 122

四、爱护人民币 …………………………………………… 124

第七章　电子计算工具的应用 …………………………………… 125

第一节　电子计算器的应用 ………………………………… 125

一、电子计算器的结构和分类 ………………………… 125

二、电子计算器功能键及操作方法 …………………… 126

三、电子计算器的使用与维护 ………………………… 130

第二节　小键盘录入技能 …………………………………… 131

一、小键盘简介 …………………………………………… 131

二、正确的录入姿势 ……………………………………… 131

三、小键盘指法 …………………………………………… 132

四、录入项目训练的方法 ………………………………… 134

第三节　小键盘传票录入工具简介 ……………………… 139

一、键盘录入传票算界面介绍 ………………………… 139

二、专项训练方法介绍 …………………………………… 142

附一　鉴定练习 ………………………………………………… 143

附二　人民币防伪特征 ………………………………………… 163

第一章 会计数字与文字的书写

学习指导

会计数字与文字的书写是财经工作者的一项基本功，要求掌握：

1. 会计数字的规范写法。

2. 中文大写金额数字书写与票据日期书写的有关规定。

第一节 会计数字的书写

一、会计数字书写的有关规定

（一）阿拉伯数字书写采用三位分节制

会计数字就是在会计工作中应用的阿拉伯数字。阿拉伯数字在运算中很有优点，可以方便地进位、退让，易学易懂又实用，为世界各国普遍接受。为了更方便地读出多位数字，人们给阿拉伯数字设计了分节号","三位一节。如一千写作 1,000；一百万写作 1,000,000 等。

书写阿拉伯数字时采用分节制，能够较容易地辨认数的数位，有利于数字的书写、阅读和计算工作。所以，四位和四位以上的整数部分，可采用国际通行的"三位分节制"，即从个位起，向左每三位数作为一节，节与节之间用分节号

"，"分开，也可以用空位分开。

例如：

26,195.37　用分节号

26 195.37　用空位

我国会计工作中通常采用"，"分节的办法，以方便认数的位数。认位口诀：个十百千万，三位分节断，一节前千位，二节前百万，好记又好看。

但并不是所有会计数字都需要写分节号，一般账表凭证的金额栏内印有分位格，元位前每三位之间印有一粗线代表分节号，元位与角位之间的粗线则代表小数点，所以记数时不需要再另加分节号或小数点。

（二）关于人民币符号"￥"的使用

在填制凭证时，小写金额前应冠写人民币"￥"。"￥"是人民币基本单位"元"的缩写，"￥"既代表了人民币币制，又代表了人民币"元"的单位。所以小写金额前填写了"￥"以后，金额数字之后就不必再写人民币单位"元"了。

例如：6,852.15 表示金额数字应写成￥6,852.15，即为人民币陆仟捌佰伍拾贰元壹角伍分。

书写小写金额数字时，在人民币符号"￥"与数字之间不得留有空位，以防金额数字被人涂改。

人民币符号主要应用于填写票据，如发票、支票、存单等，在登记账簿、编制报表时，一般不能使用"￥"符号。因为在账簿或报表上使用"￥"符号，反而会增加错误的可能性。

账簿或报表上不使用"￥"符号

二、账表凭证上阿拉伯数字的书写要求

（一）在有金额分位格的账表凭证上，阿拉伯数字的书写应结合记账规则的需要，按以下的要求书写

（1）书写时，应从左至右，笔画顺序是自上而下，每个数字大小匀称，笔画流畅，每个数字独立有形，使人一目了然，不能连笔书写。

（2）书写排列有序且字体要自右上方向左下方倾斜地写，数字与底线通常形成 60 度的倾斜。

（3）书写的每个数字要贴紧底线，但上不可顶格。一般每个格内数字占 1/3 或 1/3，要为更正数字留有余地。

（4）"4"的顶部不封口，两竖平行，右竖高于左竖。

（5）"6"的上半部分应斜伸出上半格的 1/4 高度。

（6）"7"和"9"上低下半格的 1/4，下伸次行上半格的 1/4。

（二）规范化写法实例

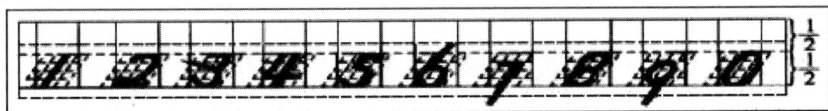

数字的斜度为60度
高度约占一格的一半

第二节　会计文字的书写

会计文字主要是中文大写金额数字及票据日期，用于发票、支票、汇票和存单等各种重要凭证，一律使用楷体或行书字体书写。

一、用正楷字体或行书字体书写

中文大写金额数字，主要用于发票、支票、汇票、存单等重要凭证的书写，为了易于辨认、防止涂改，应一律用正楷体或者行书体书写。如壹、贰、叁、肆、伍、陆、柒、捌、玖、拾、佰、仟、万、亿、圆、角、分、整、零等字样。不得用中文小写一、二、三、四、五、六、七、八、九、十或廿、两、毛、另（或 0）、园等字样代替，不得任意自造简化字。大写金额数字到"元"或"角"为止的，在"元"或者"角"字之后应当写"整"或"正"字；大写金额数字有分的，"分"字后面不写"整"或"正"字。

二、"人民币"与数字之间不得留有空位

有固定格式的重要凭证，大写金额栏一般都印有"人民币"字样，书写时，金额数字应紧接在"人民币"后面，在"人民币"与大写金额数字之间不得留有空位。大写金额栏没有印有"人民币"字样的，应在大写金额数字前填写"人民币"。

三、有关"零"的写法

一般在填写重要凭证时，为了增强金额数字的准确性和可靠性，需要同时书写小写金额和大写金额，且二者必须相符。当小写金额数字中有"0"时，大写金额应怎样书写，要看"0"所在的位置。

（1）金额数字尾部的"0"，不管有一个还是有连续几个，大写金额到非零数位后，用一个"整（正）"字结束，都不需用"零"来表示。如"￥4.80"，大写金额数字应写成"人民币肆元捌角整"；又如"￥200.00"时，应写成"人

民币贰佰元整"。

（2）对于小写金额数字中间有"0"的，大写金额数字应按照汉语语言规律、金额数字构成和防止涂改的要求进行书写。举例说明如下：

① 小写金额数字中间只有一个"0"的，大写金额数字要写成"零"字。如"￥306.79"，大写金额应写成"人民币叁佰零陆元柒角玖分"。

② 小写金额数字中间连续有几个"0"的，大写金额数字可以只写一个"零"字。如"￥9,008.36"，大写金额应写成"人民币玖仟零捌元叁角陆分"。

③ 阿拉伯金额数字万位和元位是"0"，或者数字中间连续有几个"0"，万位、元位也是"0"，但千位、角位不是"0"时，中文大写金额中可以只写一个零字，也可以不写"零"字。如"￥1,680.32"，应写成"人民币壹仟陆佰捌拾元零叁角贰分"，或者写成"人民币壹仟陆佰捌拾元叁角贰分"，又如"￥107,000.53"，应写成"人民币壹拾万柒仟元零伍角叁分"，或者写成"人民币壹拾万零柒仟元伍角叁分"。

④ 小写金额数字角位是"0"而分位不是"0"时，大写金额"元"字后必须写"零"字。如"￥637.09"，大写金额应写成"人民币陆佰叁拾柒元零玖分"。

四、数字前必须有数量字

大写金额"拾"、"佰"、"仟"、"万"等数字前必须冠有数量字"壹"、"贰"、"叁"……"玖"等，不可省略。特别是壹拾几的"壹"字，由于人们习惯把"壹拾几"、"壹拾几万"说成"拾几"、"拾几万"，所以在书写大写金额数字时很容易将"壹"字漏掉。"拾"字仅代表数位，而不代表数量，前面不加"壹"字既不符合书写要求，又容易被改成"贰拾几"、"叁拾几"等。如"￥120,000.00"大写金额应写成"人民币壹拾贰万元整"，而不能写成"人民币拾贰万元整"，如果书写不规范，"人民币"与金额数字之间留有空位，就很容易被改成"人民币叁（肆、伍）拾万元整"等。

五、票据的出票日期必须使用中文大写

为防止变造票据的出票日期，在填写月、日时，月为壹、贰和壹拾的，日为壹至玖和壹拾、贰拾、叁拾的，应在其前加"零"，日为拾壹至拾玖的，应在其前面加壹。如3月15日应写成叁月壹拾伍日。票据出票日期使用小写填写的，

银行不予受理。票据和结算凭证上金额、出票或者签发日期、收款人名称不得更改，更改的票据一律无效。票据和结算凭证金额以中文大写和阿拉伯数字同时记载的，二者必须一致，否则票据无效，银行不予受理。票据和结算凭证上一旦写错或漏写了数字，必须重新填写单据，不能在原凭单上改写数字，以保证所提供数字真实、准确、完整。

练 习

【练习一】把下列各数写成大写金额数字（数字中间连续多"0"用一个"零"字）

1. 24,675　　　　　　　应写成：

2. 38,607　　　　　　　应写成：

3. 6,000,846　　　　　应写成：

4. 5,120,723　　　　　应写成：

5. 875,689,430　　　应写成：

6. 48,325　　　　　　　应写成：

7. 243,804　　　　　　应写成：

8. 8,105,412　　　　　应写成：

9. 6,243,216　　　　　应写成：

10. 454,821,760　　　应写成：

【练习二】下面大写金额用小写金额表示（小写前的人民币用"￥"表示，"角"、"分"用"0"补齐）

1. 人民币陆佰肆拾捌元伍角贰分　　￥

2. 人民币伍拾元整　　￥

3. 人民币壹拾元整　　￥

4. 人民币捌万元整　　￥

5. 人民币壹拾亿元整　　￥

6. 人民币肆元整　　￥

7. 人民币伍元伍角　　￥

8. 人民币柒角贰分　　￥

9. 人民币玖角捌分　　￥

10. 人民币捌分　　￥

第二章　珠算的基础知识

学习指导

　　本章是学习珠算必须具备的基础知识，要求掌握：

　　1. 算盘的认位方法与置数要领。

　　2. 看数方法。

　　3. 珠算拨珠法。

第一节　珠算的起源与发展

一、珠算的起源

　　算盘以珠计数，故称此方法为珠算技术或珠算。它是我国劳动人民创造的古代科学文化的珍贵遗产之一。根据我国文史资料记载，珠算由筹算演变而来，筹是竹或木制的小棍子，以筹计数称筹算。但筹棍使用很不方便，到了唐朝末期，人们发明了用圆珠代替筹棍的方法，把圆珠放在有底有格的框盘里，用珠子进行运算，从而创造了古代的算盘。到宋朝，经过人们的不断改进，就成为了流传至今的由框梁、档珠组成的算盘。到明朝时，算盘已在我国被广泛应用。

　　中国珠算，历史悠久，以下是关于珠算在我国早期应用的主要史料：

　　（1）"珠算"一词最早出现于我国东汉徐岳所著的《数术记遗》，书中记载了 14 种算法，其中太乙算、两仪算、三才算、九宫算、了知算和珠算均可归为用珠计数的算法。

（2）1921 年 7 月出土于河北省巨鹿县的北宋算珠，形状为木质扁圆形，大小与现今通用的算盘相仿，经考证，为宋徽宗大观年间制作的算珠。

（3）北宋画家张择端所绘《清明上河图》中，绘有一把十五档圆珠大算盘。

（4）元朝画家王振鹏所绘《乾坤一担图》中，货郎担上绘有一把算盘，它证明宋朝在民间已流行使用算盘了。

（5）明朝《魁本对相四言杂字》是一本看图识字类的儿童读物，书中刊有十档上二下五算盘图，这是至今发现最早绘有算盘的图书。

（6）明朝吴敬是明代数学家、珠算家，他于景泰元年（1450 年）写成的《九章祥珠算法比类大全》中珠算加减口诀首次出现。

（7）王文素是明朝数学家、珠算家，著有《算学宝典》，内容广泛，涉及加减乘除、面积、体积、勾股、开方、高次方程等算法和"盘中定位法"，是一本珠算书，现藏于北京图书馆。

（8）程大位是明朝著名的珠算家，他的著作《算法统宗》较为完备地论述了当时的各种算法，是一部重要的珠算著作。

二、珠算的发展

（一）珠算的发展历程

按对珠算功能应用的划分，其发展经历了三个阶段：
（1）单纯利用计算功能阶段。
（2）启蒙教育功能为主阶段。
（3）启智教育为主功能阶段。

（二）珠算协会的成立

1979 年 10 月 31 日，中国珠算协会成立大会在河北省秦皇岛市召开，是我国珠算界第一个学术性、非营利性的全国性社会团体。

三、珠算的国际化

珠算不仅在我国长盛不衰，对其他国家的经济、文化建设和科学技术发展也发挥了重要作用。日本对珠算很重视，早在 20 世纪 50 年代，日本就建立了珠算组织，成立数以万计的珠算培训学校；1978 年，美国在著名的加利福尼亚大学成立了"美国珠算教育中心"；1994 年，珠算进入了马来西亚小学课本；1997 年珠算进入了新加坡小学课堂。2002 年 10 月 28~29 日，世界珠心算联合会成立大会在北京召开，2003 年 12 月，在中国香港召开的世界珠心算联合会常务理事会议把每年 8 月 8 日定为"世界珠算日"。2004 年 8 月 14 日，在中国上海召开了世界珠心算联合会第一届珠心算比赛。

四、非物质文化遗产的成功申报

2008 年 6 月 14 日，珠算（程大位珠算法、珠算文化）列入第二批"国家非物质文化遗产名录"。

2013 年 12 月 4 日，联合国教科文组织宣布"中国珠算项目"列入"人类非物质遗产名录"。

五、珠算在当今电子计算机时代仍具有强大的生命力

（一）珠算具有优良的计算功能

珠算不仅能作加、减、乘、除及乘方、开方运算，其加减运算的速度远优于电子计算器，而加减运算在财经业务计算工作量中，约占 80% 以上。可以预测，在今后较长的时期内，珠算作为一种计算技术，将与电子计算器共存，服务于社会。

（二）珠算具有优越的教育功能

珠算以珠计数，数的概念形象具体，是算术教学的理想工具，尤其适合对小学生进行数的启蒙教育。

（三）珠算具有优异的启智功能

在进行珠算运算时，眼、手、脑并用，并协调配合。经常打算盘，可以增强思维活动，促进思维发展，对整个大脑的开发，具有重要的意义，这是其他开发手段难以做到的。越来越多的人认识到珠算特别是珠心算对开发人的智力的特殊

意义。

珠算这门古老的传统文化，将继续为人类的进步做出新的贡献。

第二节 算盘的种类与结构

一、算盘的种类

（一）按适用范围分类

算盘按适用范围可分为教具算盘、普通算盘和工艺算盘。

（二）按算盘的材质分类

算盘按材质不同，可分为木质算盘、金属算盘和塑料算盘。

我国目前使用的普通算盘大致分为两类：

算盘按算珠的形状不同，可分为圆珠算盘（见图 2-1）和菱珠算盘（见图 2-2）。

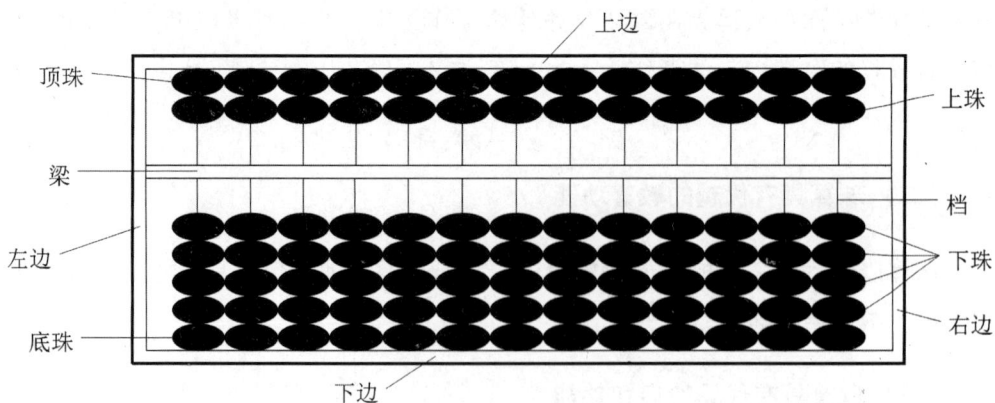

图 2-1 圆珠算盘

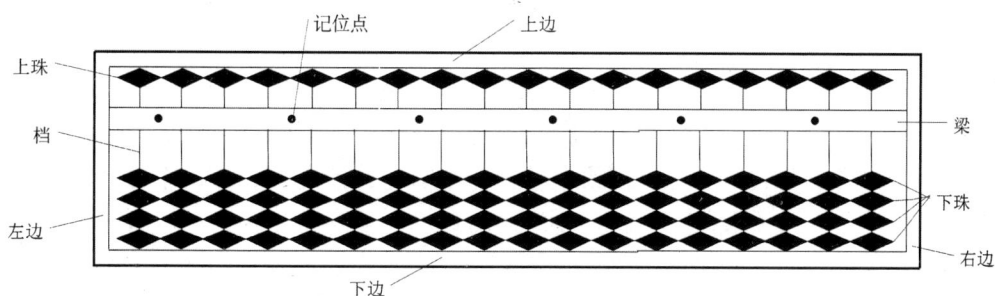

图 2-2 菱珠算盘

这种算盘是在圆形七珠大算盘的基础上改进而来的，档距短、珠距短，档位多，是我国目前使用最广泛的一种算盘。

二、菱珠算盘的结构

算盘呈长方形，由框、梁、档、珠、清盘器、记位点、垫脚装置七部分组成。

框：算盘四周的框架。

梁：算盘中间的一条横木，连接左右两边，将算盘分为梁上和梁下两部分。

档：穿过梁的细柱，连接上下两边，用以穿连算珠并表示数位。

珠：穿在档上的珠子，梁上部分叫上珠，每颗上珠代表 5，梁下部分叫下珠，每颗下珠代表 1。

记位点：梁上的记位标记，每隔三档一个点，用来作为数位分节的标志。

清盘器：用以使算盘离梁靠档的装置，其操作按钮在算盘的左边。

垫脚装置：装在算盘下面，共三个，目的是使算盘离开桌面，便于推拉算盘下面的计算资料。

第三节 算盘的认位与置数

算盘的记数是以档表示数位，以靠梁的算珠表示数；某档算珠离梁靠框，表示该档数字是 0，叫作空档。算盘上所有的档都成为空档时，叫作空盘。

一、认位

算盘以档表示数位。可以把梁上任何一个有记位点的档，作为个位档。从个位档往左数，分别为十位档、百位档、千位档……从个位档往右数，依次是十分位档、百分位档、千分位档……这与一般数字记数的顺序是相同的。会计数字书写中的分节号"，"与算盘上的记位点是对应的，如1,234,567.89，有利于珠算的认位与置数。认位口诀：个十百千万，三位分节断，一节前千位，二节前百万，好记又好看。

二、看数与置数

看数，是指默记需要计算的数字；置数，是指将需要计算的数字拨到算盘上。

看数是珠算运算的关键环节，它直接影响计算的准快程度。看数时应掌握以下几点：

1. 分节看数

因为数字的分节号与算盘上的记位点位置一致，对于多位数一般分节看数，对照分节号的位置很快把数字按记位点拨到算盘上。具体操作：看一小节数字，就拨相应的算珠，当手指接触到这一小节最后一个数字的算珠时，眼睛就不看算珠而去看下一小节的数字，这样随看随打不间断地进行。

2. 看数、拨数不出声

看数时，不必读出数位名和金额单位，而是只看数字，分节置数。

3. 移表看数

将计算题单放在算盘底下，将已计算过的数据用左手推进算盘挡住，用左手将未计算的数据遮住，仅仅将要计算的数据露出来，这样右手拨珠，左手推题单，边看边打，边打边推，始终使计算数字与算盘保持最近距离，从而加快看数、拨珠的速度，提高准确性。

第四节　珠算拨珠法

打算盘不仅要有正确的拨珠指法，还要有正确的坐姿及握笔方法。

一、坐姿

面桌而坐，身体要正、腰要直，足放平、上体略为前倾，头稍低下，眼睛离算盘一尺远。腕和肘微离桌面，肘关节的弯曲度一般保持在90度左右，便于手指运算时左右平移。指尖离算珠0.5厘米左右为宜。过低容易带珠，过高影响计算速度。

二、握笔

运算时，应握笔拨珠，运算完毕，把笔顺直，即写出答案。这样可以省去拿笔放笔时间，有利于提高计算效率。

常用的握笔方法有以下两种：

1. 全握式

握笔时，将笔横卧右手掌心，用无名指和小指夹住笔杆，笔尖在外，笔杆上端从虎口伸出。小手指和无名指向内卷曲，握住笔杆（见图2-3）。

图2-3

2. 半握式

笔杆以拇指、无名指为依托，笔尖从小指、无名指间穿出。这种执笔方法可以全部腾出食指，拨珠方便（见图2-4）。

图 2-4

三、拨珠指法

指法是珠算的基本功，指法的正确与否、动作的灵巧程度都直接影响到运算的速度和结果的准确性。初学者一开始就应学会正确的指法。

（一）拨珠技巧要求

（1）拨珠用力要均匀适当，是用指关节的爆发力拨动算珠，腕关节不动，这样拨珠具有轻快感，用力过重，会使算珠反弹，造成漂珠；用力太小，使算珠达不到预定位置，也造成漂珠，影响准确性。

（2）拨珠必须干脆利落，具有节奏感。

（3）上、下、进、退要按顺序拨珠，进退有序，该先去后进位的，就不能先进位后去；同样，该先退后还的，就不能先还后退。

> 拨珠用力要均匀适当，干脆利落

（二）拨珠方法

目前常用的拨珠方法是三指拨珠法。

三指拨珠法是用拇指、食指、中指三个手指拨珠，小手指和无名指向掌心卷曲握笔，否则容易带珠引起错误。三个手指的分工是：

拇指：专拨下珠靠梁。

食指：专拨下珠离梁。

中指：专拨上珠靠梁和离梁。

1. 单指独拨

（1）上推：用拇指向上推动下珠。如上 1、上 2、上 3、上 4。如图 2-5 所示。

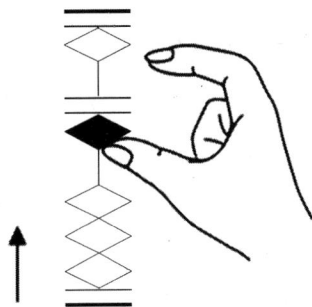

图 2-5

（2）下拨：用食指尖向下拨动下珠。如下 1、下 2、下 3、下 4。用中指尖向下拨动上珠。如下 5，如图 2-6 所示。

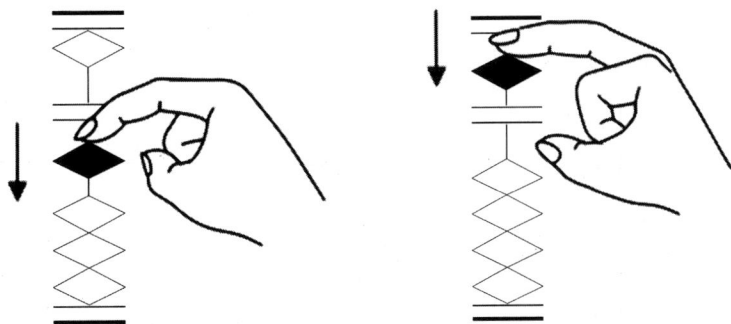

图 2-6

（3）上挑：用中指向上挑去上珠。如去 5，如图 2-7 所示。

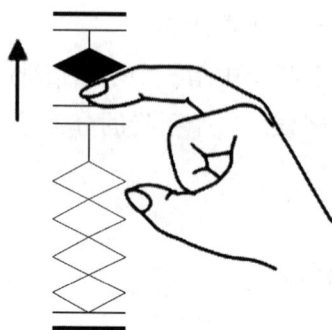

图 2-7

单指独拨练习指法操

第一节　拇指上　食指下

(1) ＋ 1 1 1 1 1 1 …

(2) － 1 1 1 1 1 1 …

(3) ＋ 2 2 2 2 2 2 …

(4) － 2 2 2 2 2 2 …

(5) ＋ 3 3 3 3 3 3 …

(6) － 3 3 3 3 3 3 …

(7) ＋ 4 4 4 4 4 4 …

(8) － 4 4 4 4 4 4 …

(1) ＋ 4 4 4 4 4 4 …

(2) － 1 1 1 1 1 1 …

(3) ＋ 1 1 1 1 1 1 …

(4) － 2 2 2 2 2 2 …

(5) ＋ 2 2 2 2 2 2 …

(6) － 3 3 3 3 3 3 …

(7) ＋ 3 3 3 3 3 3 …

(8) － 4 4 4 4 4 4 …

第二节 中指上下

(1) + 5 5 5 5 5 5 …

(2) − 5 5 5 5 5 5 …

2. 两指联拨

(1) 双合：用中指、拇指同时合拢上、下珠靠梁，用于不进位的加。如 1+7、2+6 等，如图 2-8 所示。

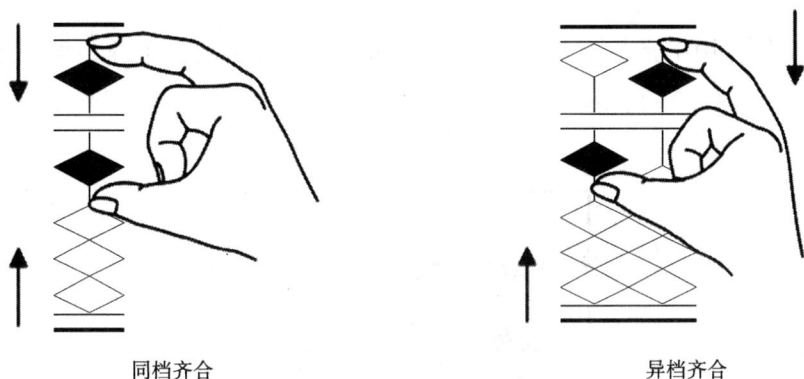

同档齐合　　　　　　　　　　　　　异档齐合

图 2-8

(2) 双分：用中指、食指同时分拨上下珠离梁，用于不退位的减。如 9-8、9-7、8-6 等，如图 2-9 所示。

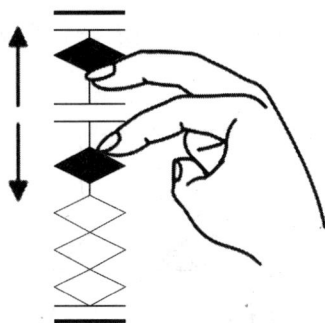

图 2-9

(3) 双上：用拇指推下珠靠梁的同时，用中指推上珠离梁，用于"破五的减"。如 5-1、6-3、7-4 等，如图 2-10 所示。

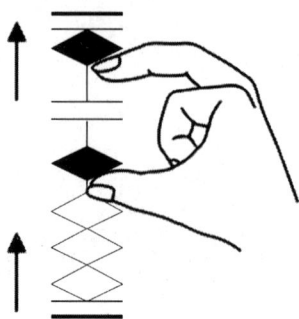

图 2-10

（4）双下：用中指拨上珠向下靠梁的同时，用食指拨去下珠，可用于"补五的加"。如4+1、2+3、3+2等，如图2-11所示。

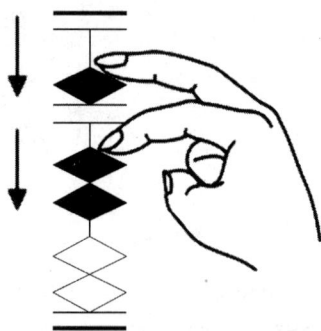

图 2-11

（5）扭进：用食指拨后一档下珠离梁的同时，用拇指推前一档的下珠靠梁，用于进位的加。如1+9、3+8、4+6等，如图2-12所示。

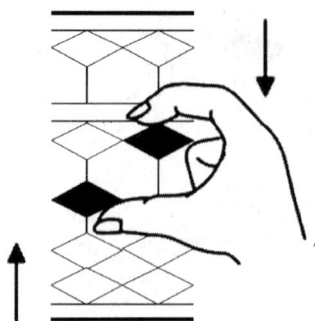

图 2-12

（6）扭退：用食指拨前档下珠离梁的同时，用拇指推后档的下珠靠梁，用于退位的减。如 10-9、10-8、10-6、13-9 等，如图 2-13 所示。

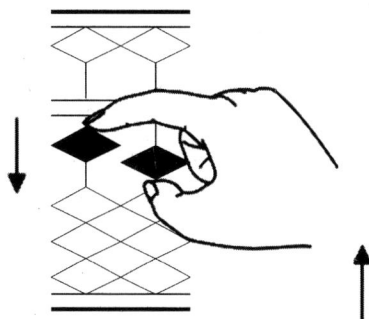

图 2-13

两指联拨练习指法操（1）

第三节　双合　双分

(1) ＋ 6 6 6 6 6 6 …
(2) － 6 6 6 6 6 6 …
(3) ＋ 7 7 7 7 7 7 …
(4) － 7 7 7 7 7 7 …
(5) ＋ 8 8 8 8 8 8 …
(6) － 8 8 8 8 8 8 …
(7) ＋ 9 9 9 9 9 9 …
(8) － 9 9 9 9 9 9 …

(1) ＋ 9 9 9 9 9 9 …
(2) － 8 8 8 8 8 8 …
(3) ＋ 8 8 8 8 8 8 …
(4) － 7 7 7 7 7 7 …
(5) ＋ 7 7 7 7 7 7 …
(6) － 6 6 6 6 6 6 …
(7) ＋ 6 6 6 6 6 6 …
(8) － 9 9 9 9 9 9 …

第四节　双上　双下

(1) + 1 1 1 1 1 1 …

(2) + 4 4 4 4 4 4 …

(3) − 3 3 3 3 3 3 …

(4) + 3 3 3 3 3 3 …

(5) − 2 2 2 2 2 2 …

(6) + 2 2 2 2 2 2 …

(7) − 1 1 1 1 1 1 …

(8) + 1 1 1 1 1 1 …

第五节　扭进　扭退

先清盘，算盘最左一档预留空档。

(1) + 1 1 1 1 1 1 …

(2) + 9 9 9 9 9 9 …

(3) − 8 8 8 8 8 8 …

(4) + 8 8 8 8 8 8 …

(5) − 7 7 7 7 7 7 …

(6) + 7 7 7 7 7 7 …

(7) − 6 6 6 6 6 6 …

(8) + 6 6 6 6 6 6 …

3. 三指联拨

(1) 双分扭进。用中指和食指拨本档的上、下珠离梁的同时用拇指拨前一档下珠靠梁，主要用于进位的加。如9+1、8+2、7+3、6+4等，如图2-14所示。

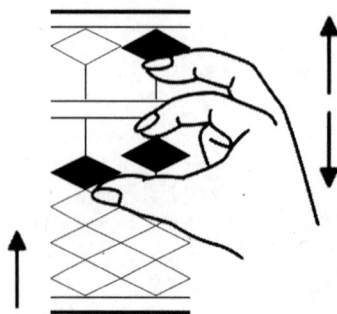

图 2-14

（2）双合扭退。在食指拨本档下珠离梁的同时，用拇指、中指拨后一档上、下珠靠梁，主要用于退位的减。如 10-1、10-2、10-3、10-4，如图 2-15 所示。

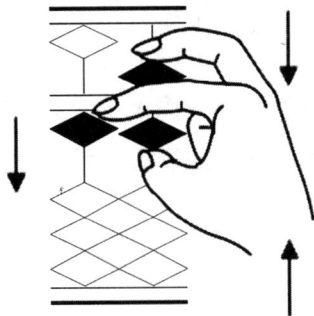

图 2-15

两指联拨练习指法操（2）

第六节 双分扭进 双合扭退

先清盘，算盘最左一档预留空档。

（1）＋ 9 9 9 9 9 9 …

（2）＋ 1 1 1 1 1 1 …

（3）－ 2 2 2 2 2 2 …

（4）＋ 8 8 8 8 8 8 …

（5）－ 3 3 3 3 3 3 …

（6）－ 7 7 7 7 7 7 …

珠算指法易学难精，需要反复练习，达到熟练。同时指法应灵活掌握，科学的拨珠方法一是要动作简练，二是要方便顺手。

第五节 珠算常用术语

为便于珠算的教学和应用，经常需要运用一些专用术语，如下：

空盘：算珠全部离梁，表示没有计数。

清盘：将算珠离梁靠上下框，形成空盘的过程。

梁珠：靠梁的算珠，也称内珠、实珠，表示正数。

框珠：靠框的算珠，也称外珠、虚珠，表示负数。

二元示数：是指算珠靠梁为加、离梁为减。

带珠：拨珠时，把本档或邻档不该拨入或拨去的算珠带入或带出。

漂珠：拨珠时，用力过轻不到位或过重反弹造成不靠框也不靠梁、漂浮在档中间的算珠。

空档：没有算珠靠梁的档称为空档。在表示数值的档次中，空档表示的数是"零"。

本档：运算时应该拨珠的档。

前档：本档左边一档。

后档：本档右边一档。

错档：算珠未拨入应拨入的本档中。

挨位：本档的左边第一档或右边第一档。

隔位：本档的左边第二档或右边第二档。

五升制：满五时，用同位的一颗上珠。

十升制：满十时，向前档进一位。

进位：本档满十向前档进一位。

退位：本档不够减时，前档退一位，也称借位。

首位：一个数的最高位非零数字，也称首位数或最高位。

尾数：一个数的最低位数，包括含零的位数。

补数：两数之和为 10，则这两个数互为补数。

凑数：两数之和为 5，则这两个数互为凑数。

实：指被乘数和被除数。

法：指乘数和除数。

估商：在除法中，运用口诀或心算法估量、推断，求算商数的过程，也叫试商。

确商：运算后所得出的准确商数。

退商：在除法中，因估商过大，而必须将商缩小。

补商：在除法中，因估商过小，而必须将商增大。

调商：补商和退商的统称。

首商：除法运算求出的第一个商数。

第三章　珠算加减法

学习指导

　　珠算加减法是珠算运算的基础，要求掌握：

1. 珠算基本加减法。

2. 简捷加减法。

3. 传票算和账表算。

4. 加减差错查找法。

　　珠算加减法在日常经济领域中的应用非常广泛，它也是珠算乘除法计算的基础，其运算准确度和速度并不亚于计算机（器）且超过笔算，所以学好珠算加减法对掌握珠算技术具有极其重要的意义。

第一节　珠算基本加减法

　　珠算加减法运算中最常见的运算方法就是基本加减法，而基本加减法又分为口诀加减法和无口诀加减法。

一、口诀加减法

　　口诀加减法是根据珠算五升十进制的拨珠法则和实际运算规律总结出的一套完整的口诀，并利用口诀指导拨珠完成加减法计算过程的一种方法。在口诀加减法的学习中，口诀能帮助初学者迅速掌握运算规律和方法。但在熟悉了运算方法后，就必须丢开口诀，对数的加减法运算形成条件反射，这样才能提高运算的速度。而口诀加减法的口诀还有一个很重要的作用，就是规范运算中正确的拨珠指法和运算顺序，对提高运算的准确性有很大的帮助。

为了能较清楚地了解口诀内容，先将加法口诀中的有关术语含义简述如下：

"上"是指拨下珠靠梁。

"下"是指拨上珠靠梁。

"去"是指将靠梁的算珠拨去靠边。

"进"是指往前档进位，即在左一档上加数。

口诀中的每句第一个字表示要加的数，最后一个字表示要拨动算珠的数。

表 3-1　口诀表

类型 加数和减数	直接加和直接减		补五加和破五减		进位加和退位减		破五进位加和退位补五减	
	直接加	直接减	补五加	破五减	进位加	退位减	破五进位加	退位补五减
一	一上1	一去1	一下5去4	一上4去5	一去9进1	一退1还9		
二	二上2	二去2	二下5去3	二上3去5	二去8进1	二退1还8		
三	三上3	三去3	三下5去2	三上2去5	三去7进1	三退1还7		
四	四上4	四去4	四下5去1	四上1去5	四去6进1	四退1还6		
五	五上5	五去5			五去5进1	五退1还5		
六	六上6	六去6			六去4进1	六退1还4	六上1去5进1	六退1还5去1
七	七上7	七去7			七去3进1	七退1还3	七上2去5进1	七退1还5去2
八	八上8	八去8			八去2进1	八退1还2	八上3去5进1	八退1还5去3
九	九上9	九去9			九去1进1	九退1还1	九上4去5进1	九退1还5去4

二、无口诀加减法

无口诀加减法是基本加减算的一种。它是在原口诀加减法的基础上，通过心算，以及在加减法规律的前提下，口诀就自然地抛弃，达到条件反射的程度时，不需要用口诀来进行拨珠运算。但两者的算理是完全一致的。无口诀加减法分为直接加减、凑五破五的加减、进位退位的加减三种类型。

在学习无口诀加减法之前需理解和掌握凑数和补数的概念。根据算盘的

"五升十进"制的原理，那么以数 5 和 10 的分解与组成为基础，所构成的数组就分别被称为数 5 的凑数和数 1 的补数。

凑数：如果两个数的和等于 5，那么这两个数互为凑数。

$$5 \begin{cases} 1 \\ 4 \end{cases} \qquad 5 \begin{cases} 2 \\ 3 \end{cases}$$

补数：如果两个一位数的和等于 10，那么这两个数互为补数。

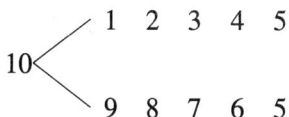

$$10 \begin{cases} 1\ 2\ 3\ 4\ 5 \\ 9\ 8\ 7\ 6\ 5 \end{cases}$$

所以根据以上 5 的凑数和 10 的补数的原理，就可以得到无口诀加减法的运算原则和规律。

（一）直接加与直接减

1. 直接加

当进行加法计算时，应看被加数的外珠，如果外珠包含加数，则直接在外珠中拨加数靠梁，即"加看外珠，够加直加"。如 5+3，5 的外珠为 4，4 包含 3（4>3），则直接在外珠中拨入三颗外珠靠梁，得和为 8。

【例 3-1】1,735+7,253＝8,988

（1）在算盘上选定个位档，拨入被加数 1,735（见图 3-1）。

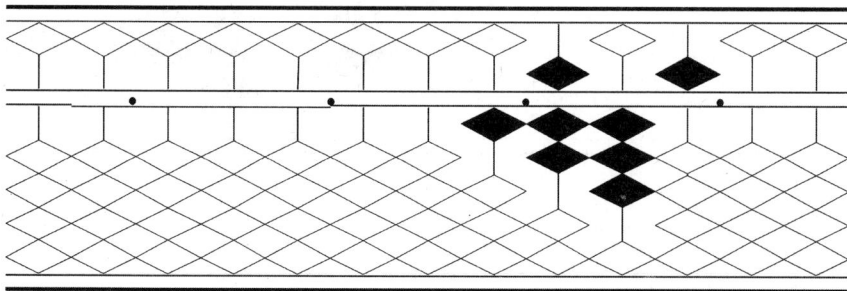

图 3-1

（2）将加数对准位数（个位对个位，十位对十位……），从高位到低位各自对应相加。拨加 7,253 时，千位（外珠 8）加 7、百位（外珠 2）加 2、十位（外珠

6）加5、个位（外珠4）加3拨珠。盘面数8,988，即为和数（见图3-2）。

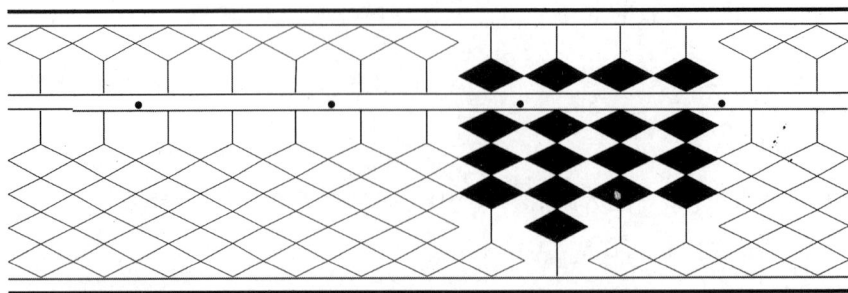

图3-2

2. 直接减

当进行减法计算时，应看被减数的内珠，如果内珠包含减数，则直接在内珠中拨减数离梁，即"减看内珠，够减直减"。如9-3（9>3），则直接在内珠中拨去三颗内珠离梁，得差为6。

【例3-2】3,698-1,583=2,115

（1）在算盘上选定个位档，拨入被减数3,698（见图3-3）。

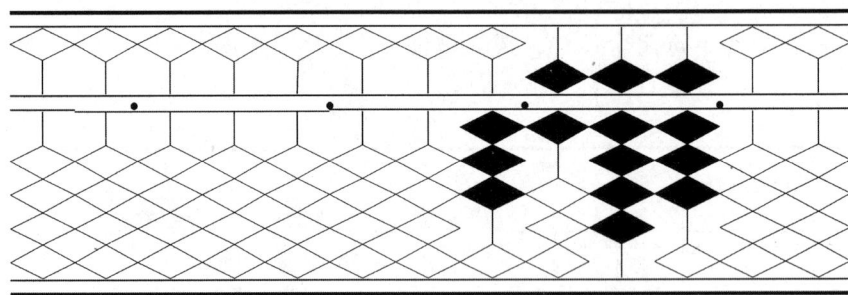

图3-3

（2）将减数对准位数（个位对个位，十位对十位……），从高位到低位各自对应相减。拨减1,583时，千位（内珠3）减1、百位（内珠6）减5、十位（内珠9）减8、个位（内珠8）减3。盘面数2,115，即为差数（见图3-4）。

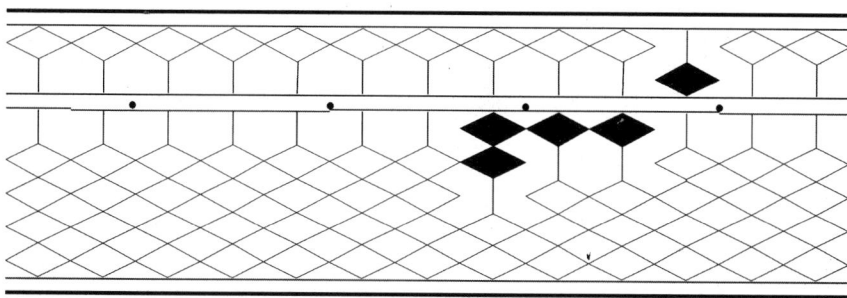

图 3-4

（二）凑五加与破五减

1. 凑五加

当算盘上已有部分下珠，若再继续加 1~4 各数，而本档下珠不够用，就应拨上珠靠梁，并把多加的数（加数的凑数）从下珠中减去（其指法规律为齐下），即"下珠不够，加五减凑"。

涉及凑五加有以下几种情况：

4+1=加 5 减 4；

4+2、3+2=加 5 减 3；

4+3、3+3、2+3 =加 5 减 2；

4+4、3+4、2+4、1+4=加 5 减 1。

如 3+4，本档已有下珠 2，加 4 时就应拨入一颗上珠（5），并把多加的凑数 1 从下珠中减去（4 的凑数是 1）。

【例 3-3】1,234+,4,432=5,666

（1）在算盘上选定个位档，拨入被加数 1,234（见图 3-5）。

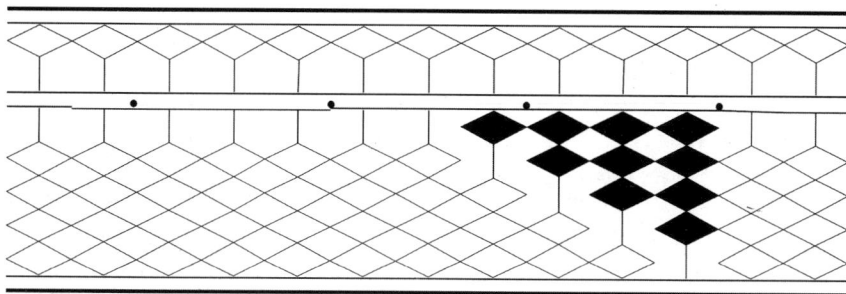

图 3-5

（2）将加数对准位数（个位对个位，十位对十位……），从高位到低位各自对应相加。拨加 4,432 时，下珠不够，加五减凑，千位加 5 减 1（4 的凑数是 1）、百位加 5 减 1（4 的凑数是 1）、十位加 5 减 2（3 的凑数是 2）、个位加 5 减 3（2 的凑数是 3）。盘面数 5,666，即为和数（见图 3-6）。

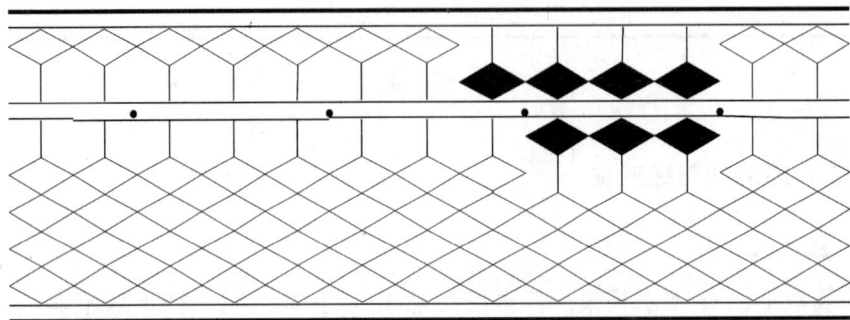

图 3-6

2. 破五减

从被减数中减 1~4 各数时，本档下珠不够用，就应拨上珠离梁，并把多减的数（减数的凑数）加入下珠中（其指法规律为齐上），即"下珠不够，减五加凑"。

涉及破五减有以下几种情况：

5-1＝减 5 加 4；

5-2、6-2＝减 5 加 3；

5-3、6-3、7-3＝减 5 加 2；

5-4、6-4、7-4、8-4＝减 5 加 1。

如 7-4，本档有下珠 2，不够直接减 4，就应拨去一颗上珠（5），并把多减的凑数 1 从下珠中加入（4 的凑数是 1）。

【例 3-4】6,857-2,434＝4,423

（1）在算盘上选定个位档，拨入被减数 6,857（见图 3-7）。

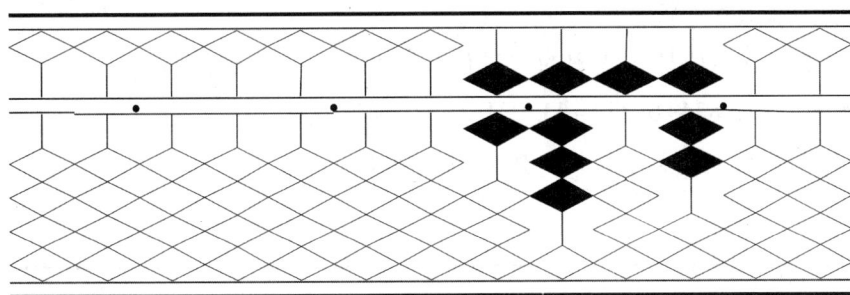

图 3-7

（2）将减数对准位数（个位对个位，十位对十位……），从高位到低位各自对应相减。拨减 2,434 时，下珠不够，减五加凑，千位减 5 加 3（2 的凑数是 3）、百位减 5 加 1（4 的凑数是 1）、十位减 5 加 2（3 的凑数是 2）、个位减 5 加 1（4 的凑数是 1）。盘面数 4,423，即为差数（见图 3-8）。

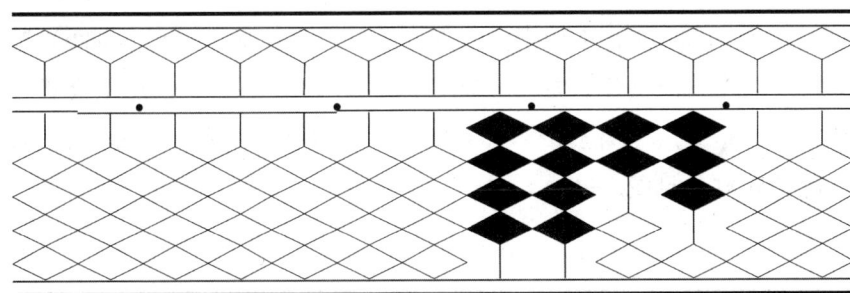

图 3-8

（三）进位加与退位减

当两个数和为 10 时，这两数互为补数，如 1 与 9、2 与 8、3 与 7、4 与 6、5 与 5，而其和 10 则称为两补数的齐数。在珠算的进位加和退位减运算中，可利用这种补数关系进行计算，并快速求出计算结果。

1. 进位加

当两数相加满 10 或超 10 时，就在前一档拨一颗下珠靠梁（加十），同时从本档减去加数的补数（减补），即"本档满十，加十减补"。

如 9+4，本档满 10，加 10 减补，4 的补数是 6，就在前一档进 1（加十），同时从本档减去6（减补）。

进位加包含口诀加减法中的"进位加"和"破五进位加"。

【例3-5】4,874+6,357＝11,231（进位加法）

（1）在算盘上选定个位档，拨入被加数4,874（见图3-9）。

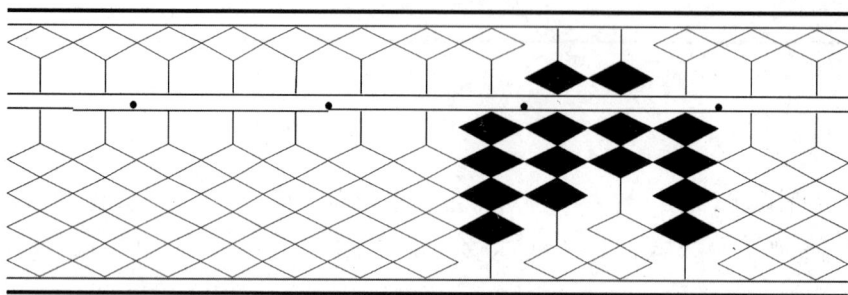

图 3-9

（2）将加数对准位数（个位对个位，十位对十位……），从高位到低位各自对应相加。拨加6,357时，本档满十，加十减补，万位加十（千位加6）减4（6的补数是4）、百位加3（千位加1）减7（3的补数是7）、十位加十（百位加1）减5（5的补数是5）、个位加十（十位加1）减3（7的补数是3）。盘面数11,231，即为和数（见图3-10）。

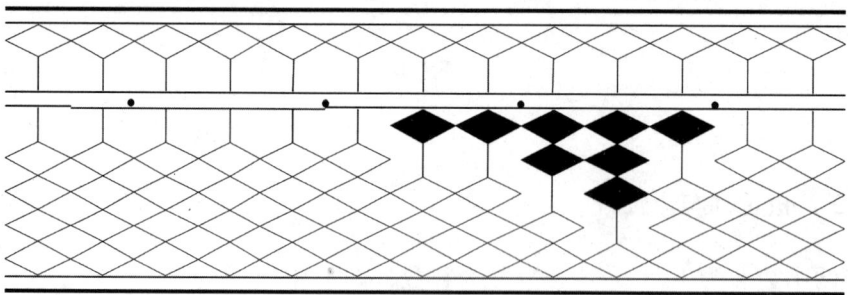

图 3-10

【例3-6】5,765+6,767＝12,532（破五进位加法）

（1）在算盘上选定个位档，拨入被加数5,765（见图3-11）。

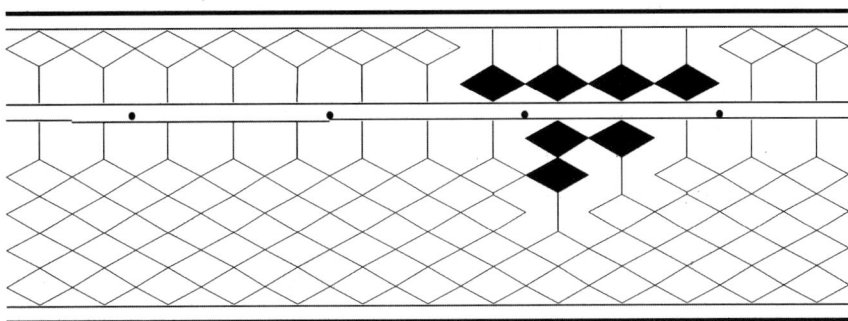

图 3-11

（2）将加数对准位数（个位对个位，十位对十位……），从高位到低位各自对应相加。拨加 6,767 时，本档满十，加十减补，万位加十（千位加 1）减 4（6 的补数是 4）、百位加十（千位加 1）减 3（7 的补数是 3）、十位加十（百位加 1）减 4（6 的补数是 4）、个位加十（十位加 1）减 3（7 的补数是 3）。盘面数 12,532，即为和数（见图 3-12）。

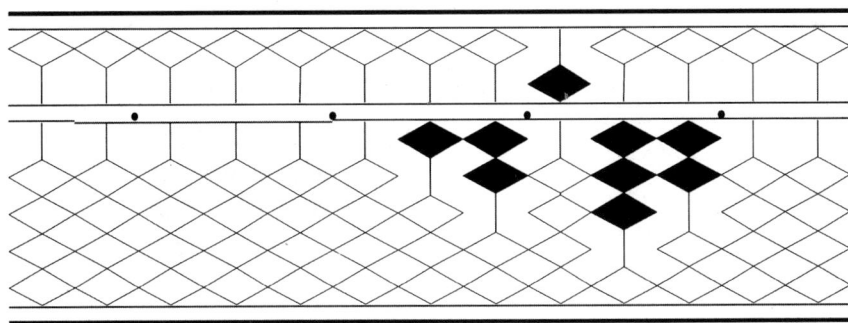

图 3-12

2. 退位减

当本档不够减时，就在前一档拨一颗下珠离梁（减十），同时从本档加上减数的补数（加补），即"本档不够，减十加补"。

如 16-7，个位（本档）不够减，减十加补，7 的补数是 3，就在前一档退 1（减十），同时从本档加上 3（加补）。

退位减包含口诀加减法中的"退位减"和"退位补五减"。

【例 3-7】6,351-962＝5,389（退位减法）

（1）在算盘上选定个位档，拨入被减数6,351（见图3-13）。

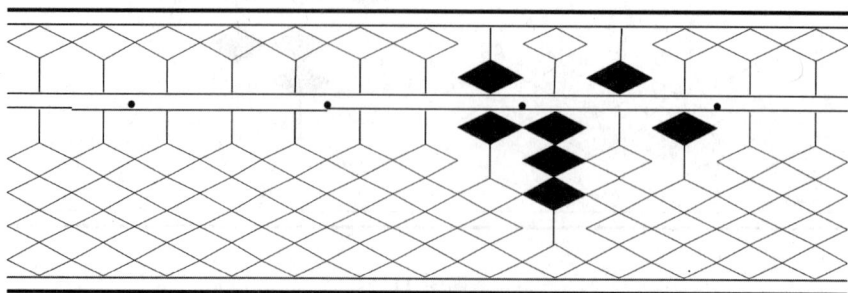

图3-13

（2）将减数对准位数，从高位到低位各自对应相减。拨减962时，本档不够减，减十加补，百位减十（千位减1）加1（9的补数是1）、十位减十（百位减1）加4（6的补数是4）、个位减十（十位减1）加8（2的补数是8）。盘面数5,389，即为差数（见图3-14）。

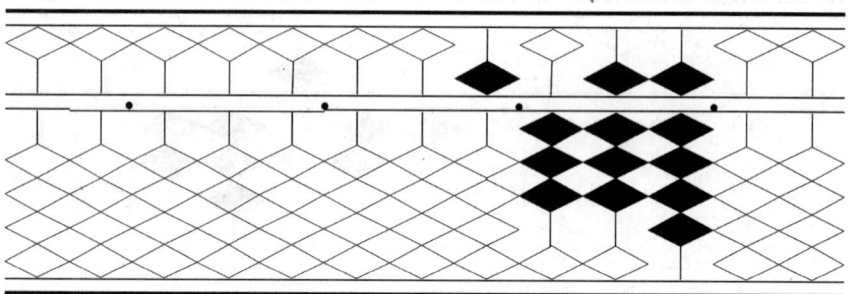

图3-14

【例3-8】13,434-6,867=6,567（退位补五减位）

（1）在算盘上选定个位档，拨入被减数13,434（见图3-15）。

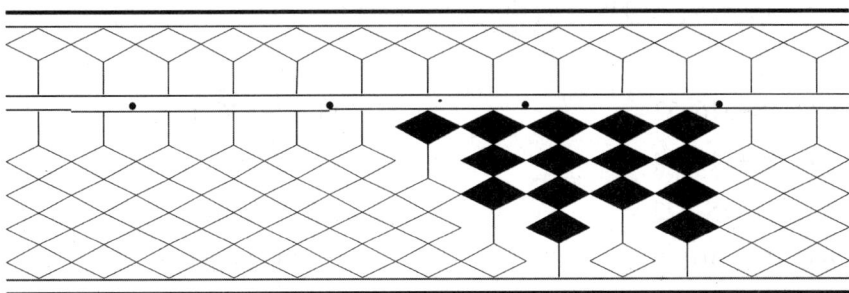

图 3-15

（2）拨减 6,867 时，本档不够减，减十加补，千位减十（万位减 1）加 4（6 的补数是 4）、百位减十（千位减 1）加 2（8 的补数是 2）、十位减十（百位减 1）加 4（6 的补数是 4）、个位减十（十位减 1）加 3（7 的补数是 3）。盘面数 6,567，即为差数（见图 3-16）。

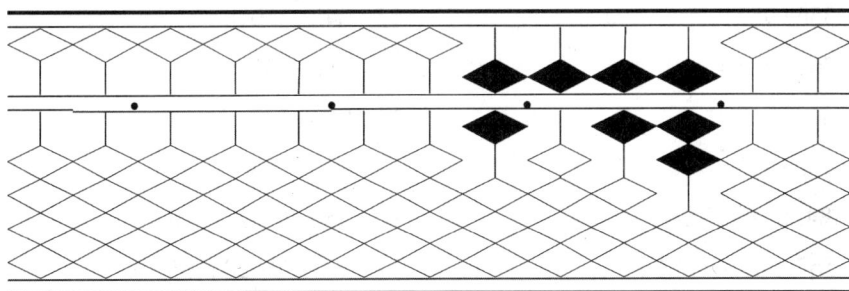

图 3-16

练　习

【练习一】

1. 定数（1、2、3、…、9）连加连减。

2. 打百子：1+2+3+…+100，总和是 5,050；从 5,050 中 -1、-2、-3…-100，结果为 0。

3. 七盘成：拨入 123,456,789，再连加七次 123,456,789，最后在个位档上加 9，得数为 987,654,321。

4. 九盘成：拨入 123,456,789，然后连加九次，和为 1,234,567,890。

5. 625、16,835、6,875 等数的连加。

【练习二】

1. 632.45+316.52=

2. 344.21+212.34=

3. 52,361+15,222=

4. 652,075+101,211=

5. 12,345+52,152=

6. 345,678+553,221=

7. 134,256+865,623=

8. 236.15+112.03=

9. 742.53+151.21=

10. 865.25+132.24=

11. 648.37−526.17=

12. 794−543=

13. 6,794−1,502=

14. 12,349−11,334=

15. 98,437−46,327=

16. 9,684.39−4,573.28=

17. 98,985.42−62,35.31=

18. 67,948.72−15,623.51=

19. 52,754.32−1,202.11=

20. 97,432.15−6,210.10=

【练习三】

1. 253+167=

2. 356+987=

3. 761+285=

4. 618+743=

5. 862+453=

6. 384.62+837.59=

7. 567.58+976.86=

8. 437.64+792.46=

9. 546.37+618.47=

10. 647.38+521.76=

11. 843−691=

12. 648−359=

13. 556−432=

14. 964−573=

15. 827−364=

16. 356.74−213.46=

17. 435.79−284.65=

18. 834.21−576.78=

19. 348.92−168.45=

20. 537.02−347.68=

第二节　简捷加减法

加减法简捷运算方法是以基本加减法为基础，根据数字的特点选择适当的算法，利用转化运算方式，结合心算，简化运算过程，以减少拨珠次数，缩短拨珠时间，提高运算速度。由于简捷运算方法很多，针对不同的算题采用不同的简捷运算方法，就能取得较好的效果。

一、借减法（倒减法）

在多笔珠算加减混合运算过程中，有时会遇到被减数小于减数、中途不够减的情况，如果被减数与减数颠倒过来重新运算，就会浪费拨珠动作，影响运算速度。这时可利用虚借"1"的办法（即借比减数位数多一位），加大被减数，继续运算。这种运算方法叫"借减法"，也称为"倒减法"。

借减法的运算方法及步骤：

（1）不足就借，即在运算过程中，遇到不够减时，向前一档虚借1，再继续运算。

（2）能还则还，即当运算到够还借时，须及时还借。

（3）借大还小，即某一档虚借1未还，又不够减需再借1，就在未还虚借1的前一（几）档上借，并将前一次虚借的"1"还上，最终调整为只借1。

（4）还清得正，未还得负，即运算完毕后的盘面数分两种情况：一是已还借，答数是盘面数；二是不够还借，答数是盘面数的负补数。

（5）求补规则："前位凑九，末位凑十"。运算完毕不够还虚借1，如盘面数为3,081，则答数为-6,919。

【例3-9】6,425-7,398+3,186=2,213（还清得正）

（1）在算盘上选定个位档，将被减数6,425拨在算盘上。要减去7,398，不够减向万位虚借1，视作16,425（见图3-17）。

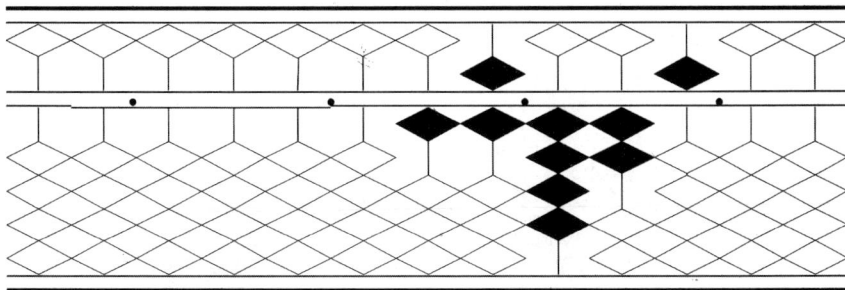

图3-17

（2）减去7,398，得9,027（见图3-18）。

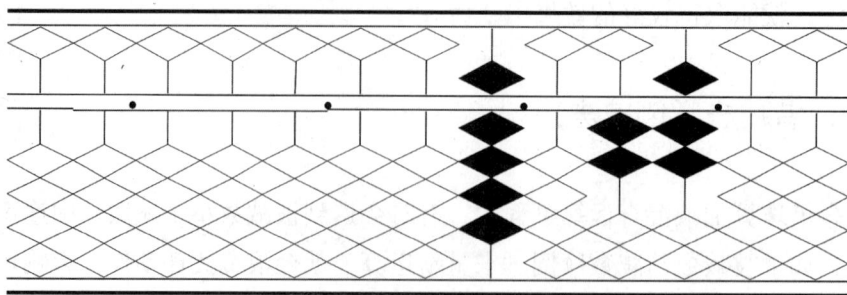

图 3-18

（3）加上 3,186，得 12,213，在万位还清虚借 1，得 2,213 即为所求结果（见图 3-19）。

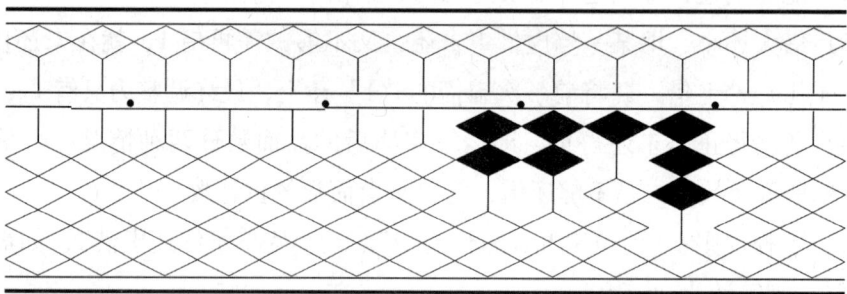

图 3-19

【例 3-10】6,539-9,327+2,134=-654（未还得负）

（1）在算盘上选定个位档，将被减数 6,539 拨在算盘上。要减去 9,327，不够减向万位虚借 1，视作 16,539（见图 3-20）。

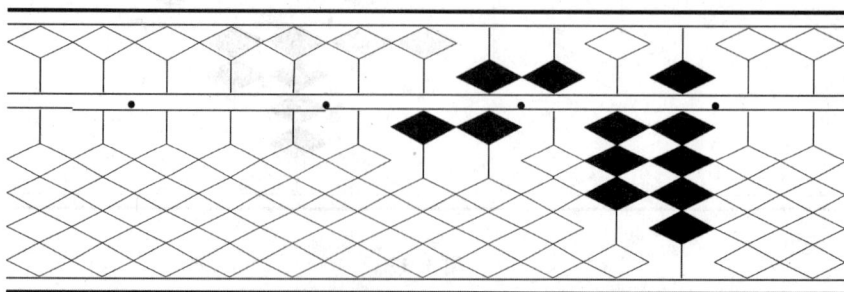

图 3-20

（2）减去9,327，得7,212（见图3-21）。

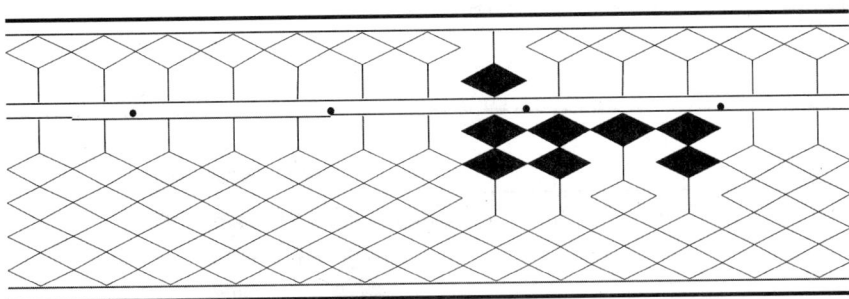

图3-21

（3）加上2,134，得9,346（见图3-22）。

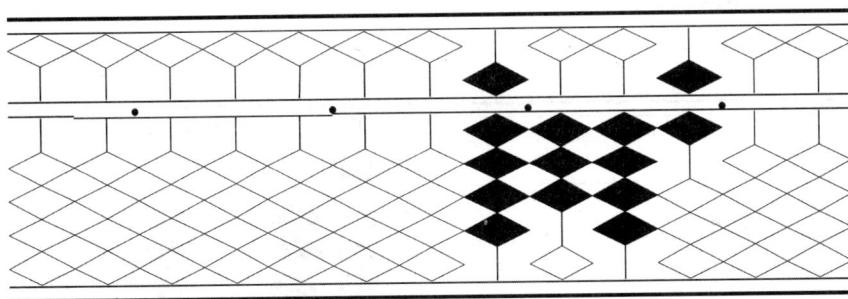

图3-22

（4）万位不够归还虚借1，得-654（-10,000+9,346）即为所求结果（见图3-23）。

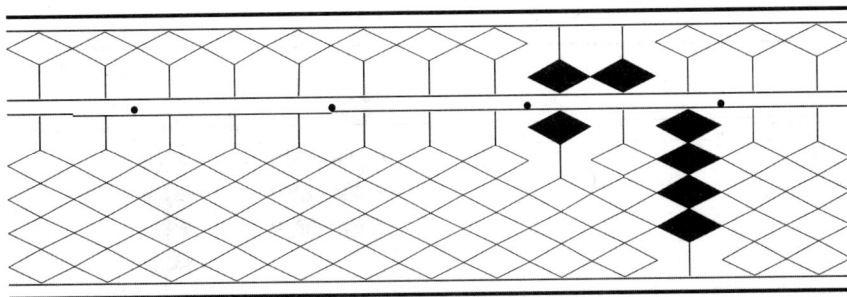

图3-23

【例3-11】4,786-6,482-9,523+13,281＝2,062（借大还小）

（1）在算盘上选定个位档，将被减数4,786拨在算盘上。要减去6,482不够减向万位虚借1，视作14,786（见图3-24）。

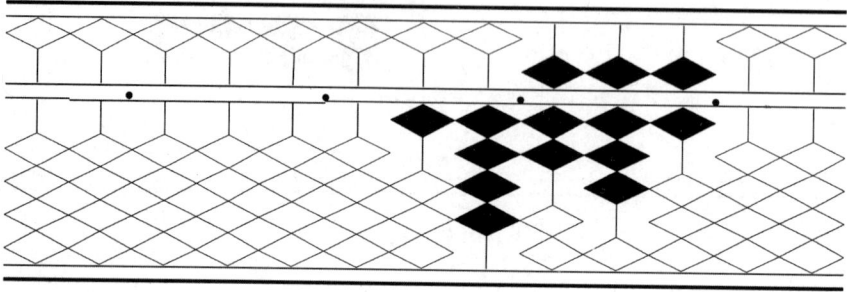

图 3-24

（2）减去6,482，得8,304（见图3-25）。

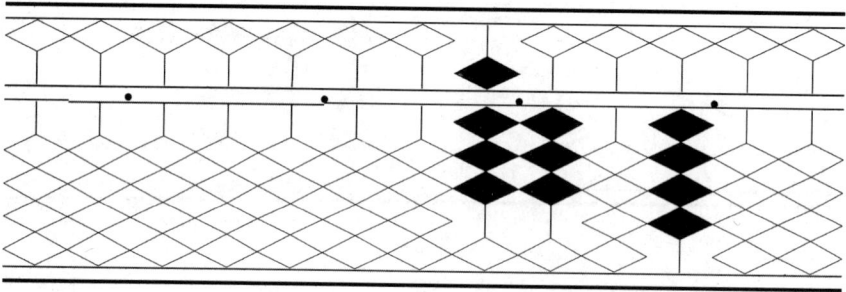

图 3-25

（3）要减去9,523，仍不够减，再向十万位虚借1，得108,304（见图3-26）。

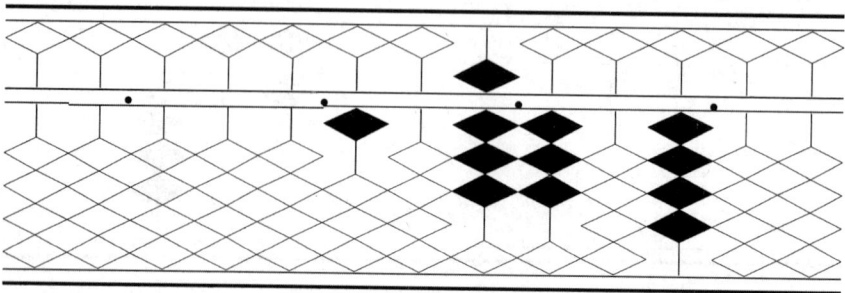

图 3-26

（4）减去 9,523，同时归还万位上虚借 1，得 88,781（见图 3-27）。

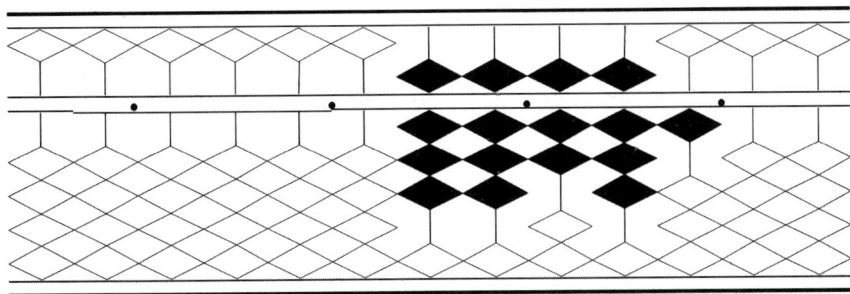

图 3-27

（5）加上 13,281 得盘面数为 102,062，够还第一次虚借 1（100,000），则所求答数为 2,062（见图 3-28）。

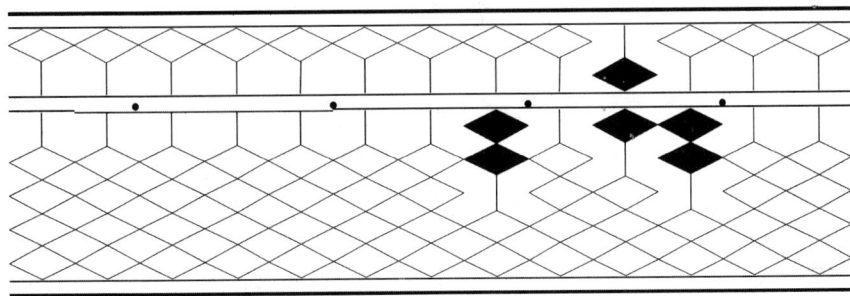

图 3-28

【例 3-12】619-3,084-8,796-41,643＝-52,904（借大还小）

（1）在算盘上选定个位档，将被减数 619 拨在算盘上。要减去 3,084 不够减向万位虚借 1，视作 10,619（见图 3-29）。

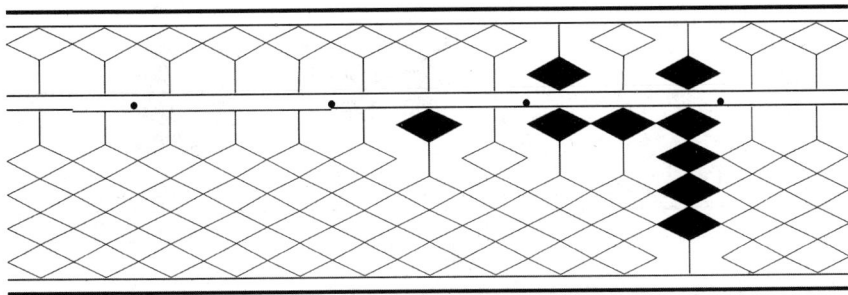

图 3-29

（2）减去 3,084，得 7,535（见图 3-30）。

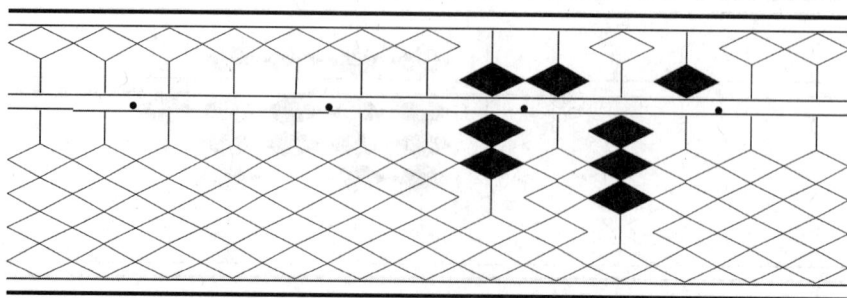

图 3-30

（3）要减去 8,796，仍不够减，再向十万位虚借 1，得 107,535（见图 3-31）。

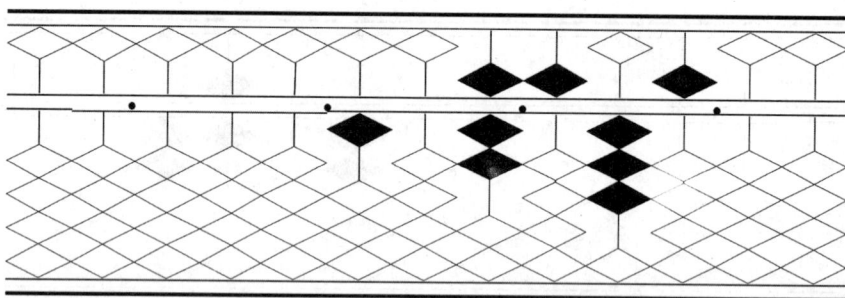

图 3-31

（4）减去 8,796，同时归还万位上虚借 1，得 88,739（见图 3-32）。

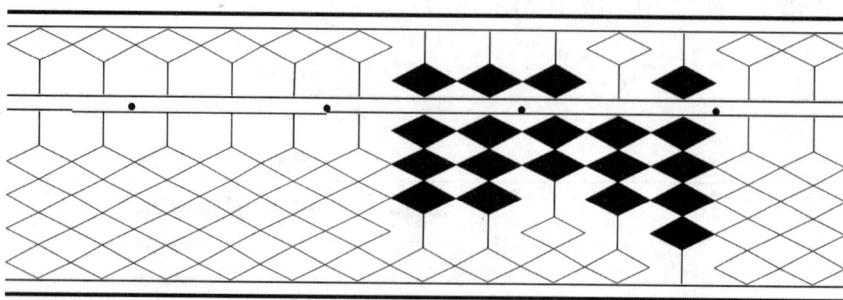

图 3-32

（5）再减去 41,643，得 47,096（见图 3-33）。

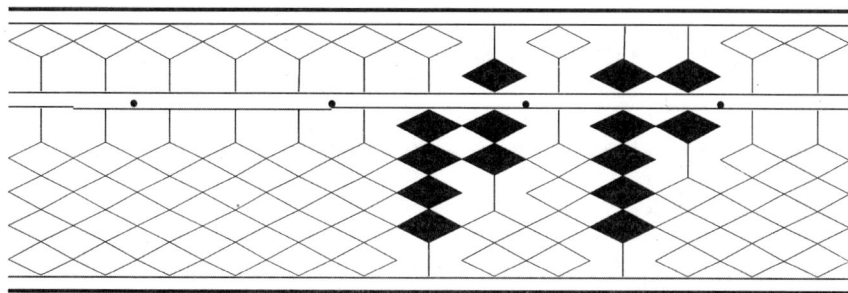

图 3-33

（6）但不够归还十万位上虚借 1（100,000），得盘面数 47,096 的补数，则所求答数为 -52,904（见图 3-34）。

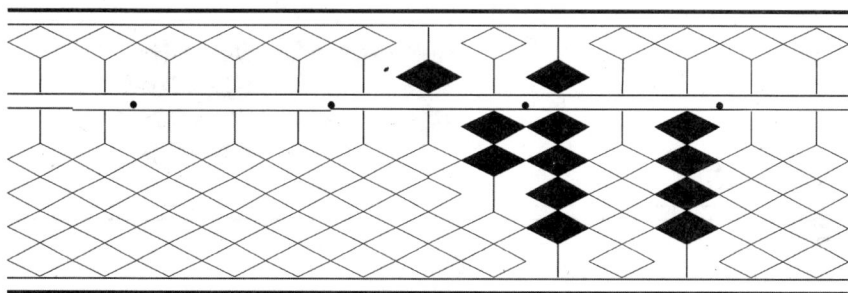

图 3-34

练　习

【练习四】

1. 5,862-2,357-3,869+1,434=

2. 3,802-6,281+4,735-2,486=

3. 7,534-6,473-2,657+3,241=

4. 6,214+2,043-7,365-2,548=

5. 3,785-5,249+6,948-4,275=

二、补数加减法

在加减运算中，可利用凑整、凑齐、互补关系进行计算，以减少拨珠次数，加快计算速度。

凑整加、减法。当加数或减数接近 10 的乘方数时，运算规则：加整数、减补数或减整数、加补数。

（一）凑整加、减法

【例 3-13】31,644+9,987＝41,631

（1）在算盘上选定个位档，将被加数 31,644 拨在算盘上（见图 3-35）。

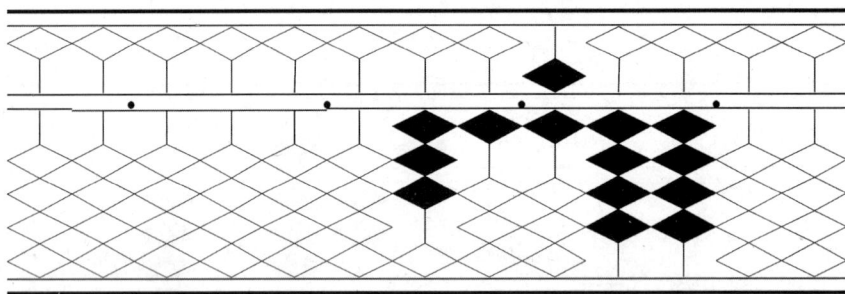

图 3-35

（2）把 9,987 看作 10,000 加入盘上对应档位，得 41,644（见图 3-36）。

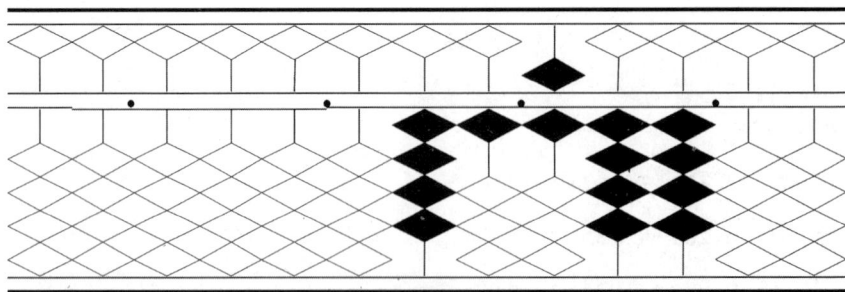

图 3-36

（3）在十位上减去 13（即 9,987 的补数），得 41,631（见图 3-37）。

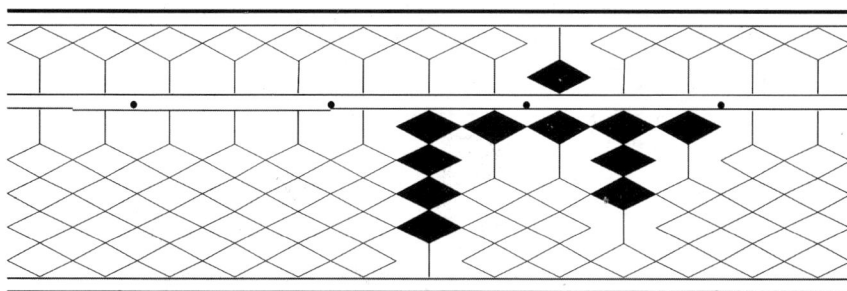

图 3-37

【例 3-14】3,842-978=2,864

（1）在算盘上选定个位档，将被减数 3,842 拨在算盘上（见图 3-38）。

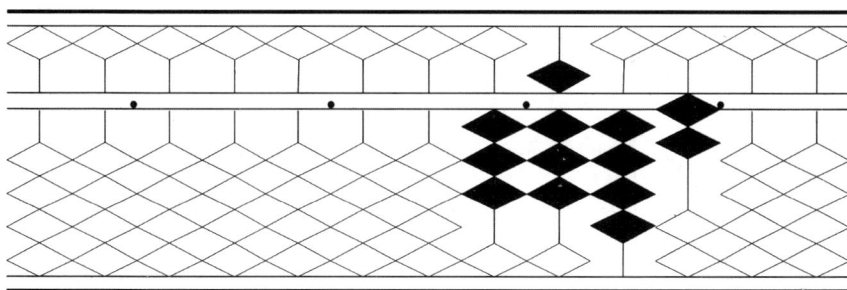

图 3-38

（2）把 978 看作 1,000 减出盘上对应档位，得 2,842（见图 3-39）。

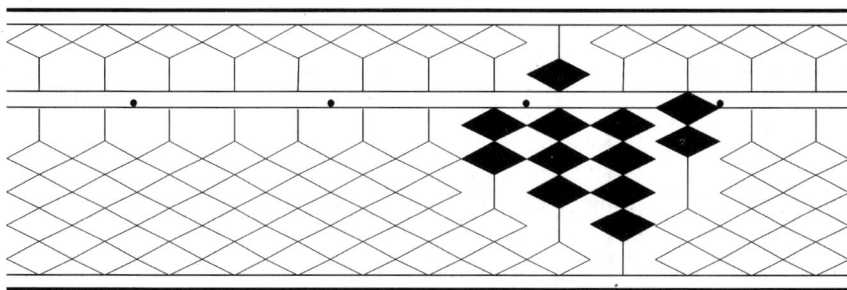

图 3-39

（3）在十位上加入 22（即 978 的补数），得 2,864（见图 3-40）。

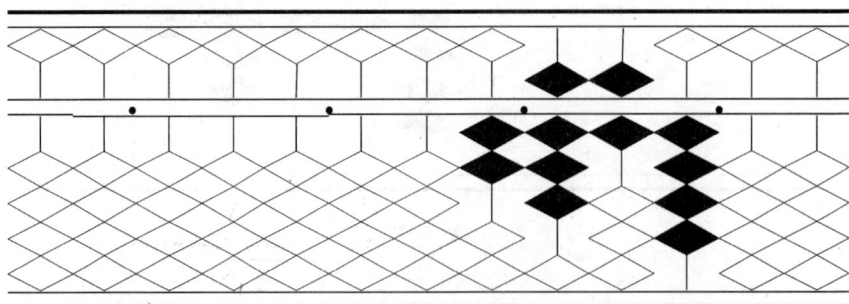

图 3-40

（二）凑齐加、减法

当加数或减数接近某个数就向前一个数看齐时，运算规则：加齐数、减填数或减齐数、加填数。

【例 3-15】8,765+577＝9,342

（1）在算盘上选定个位档，将被加数 8,765 拨在算盘上（见图 3-41）。

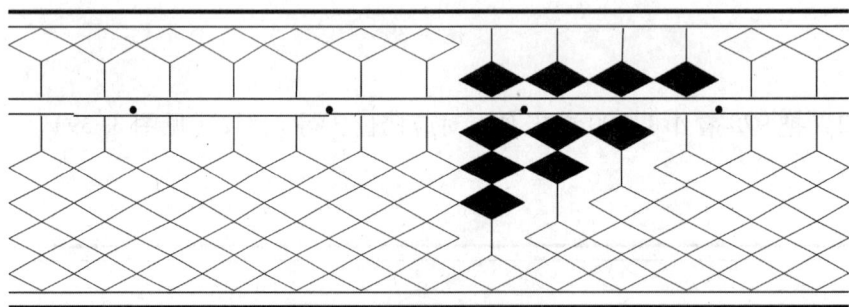

图 3-41

（2）把 577 看作 600 加入盘上对应档位，得 9,365（见图 3-42）。

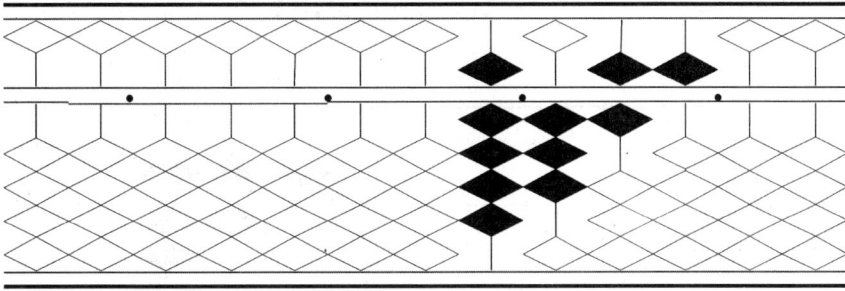

图 3-42

（3）在十位上减去 23（即 577 的填数），得 9,342（见图 3-43）。

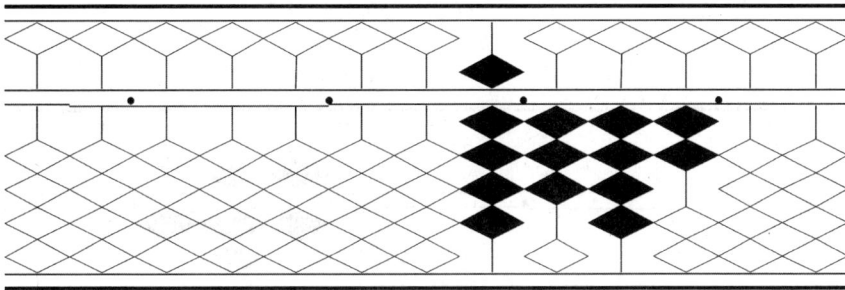

图 3-43

【例 3-16】4,568-3,897＝671

（1）在算盘上选定个位档，将被减数 4,568 拨在算盘上（见图 3-44）。

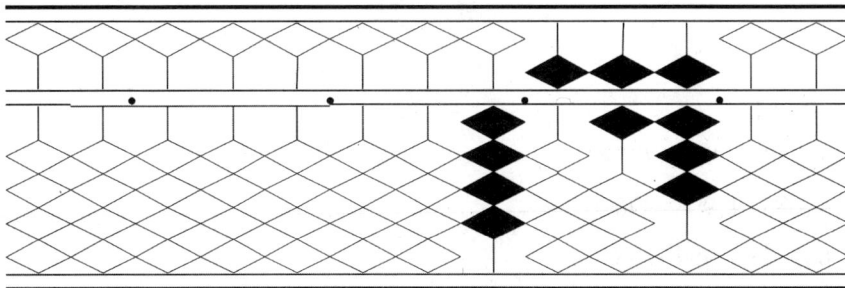

图 3-44

（2）把3,897看作4,000减出盘上对应档位，得568（见图3-45）。

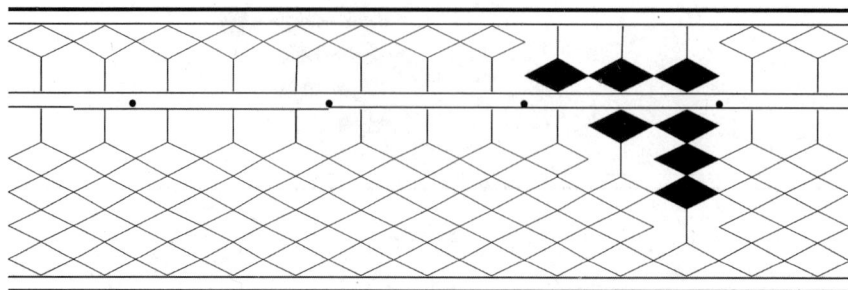

图 3-45

（3）在百位上加入103（即3,897的填数），得671（见图3-46）。

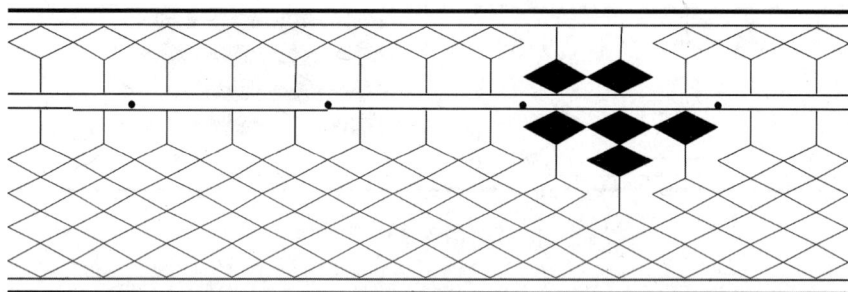

图 3-46

练 习

【练习五】

1. 3,748-2,997+796=

2. 4,685-4,998+996=

3. 6,583-3,994-298=

4. 5,643+1,990+988=

5. 6,371-3,008+993=

三、低位起算法

在珠算运算中，由于长期以来所使用的运行方向都是从高位起到低位止。为了更好地利用加减法的运算规律，并把它与竖式笔算的并珠运算方法结合起来，从低位到高位运算，每一笔数都是从最末数位开始置数，可以避免加错档位，从而提高运算速度。

【例3-17】　25,507.89（从低位到高位置数）

　　　　　　 8,906.54（从低位到高位逐位相加）

　　　　　　 90,658.73（从低位到高位逐位相加）

　　　　　 6,240,715.81（从低位到高位逐位相加）

　　　　　　（如此循环往复从低位到高位逐位相加）

四、穿梭运算法（来回运算法）

在珠算的常规加减法运算中，每进行一笔数字的加减时，都是从高位到低位进行加减。在上面我们也已讲了从低位到高位的加减法运算。怎样把它们结合起来使用，即运算中，从左到右，从右到左，再从左到右，这样如此来回连续进行加减的运算方法，就是穿梭运算法。使用穿梭运算法可以减少手的往返运动，节省手的返空时间，从而提高运算速度。

【例3-18】　789,462.35（从高位到低位置数）

　　　　　　 24,581.63（从低位到高位逐位相加）

　　　　　　 68,294.07（从高位到低位逐位相加）

　　　　　　 19,735.82（从低位到高位逐位相加）

　　　　　　（如此循环往复来回运算）

第三节　珠心算结合加减法

珠算式心算法是借助珠算的形象和方法，通过纯熟的珠算技术，经过刻苦的练习，在脑中强化印象（痕迹和烙印）而产生和提高的技术。珠心算结合加减法，即珠算结合心算进行一目多行计算的运算方法。这种算法是以心算代替部分拨珠运算，借以简化运算过程，减少拨珠次数，更加有效地提高运算速度。为达到此目的，应具备一定的心算基础，掌握几种数字组成的特点。

一、数字组合

1. 三个相同的数相加

组成	1	2	3	4	5	6	7	8	9
	1	2	3	4	5	6	7	8	9
	1	2	3	4	5	6	7	8	9
和数	在三数组成中取任意一数乘3求得和数								

2. 三个等差为 1 的连续数相加

组成	1	2	3	4	5	6	7
	2	3	4	5	6	7	8
	3	4	5	6	7	8	9
和数	在三数组成中取中间数乘3求得和数						

3. 三个等差为 2 的连续数相加

组成	1	2	3	4	5
	3	4	5	6	7
	5	6	7	8	9
和数	在三数组成中取中间数乘3求得和数				

4. 三个等差为 3 的连续数相加

组成	1	2	3
	4	5	6
	7	8	9
和数	在三数组成中取中间数乘3求得和数		

5. 单、双数相加

这个组合是由两个相同的数和另一个不同的数组成。可以先将相同的数乘2，再与另外一个不同的数相加求得和数。

例如：$6+6+8=6\times2+8=20$

6. 凑 10 的数

组成	1	2	3	4	5	6	7	8	9
	9	8	7	6	5	4	3	2	1
和数	10	10	10	10	10	10	10	10	10

7. 凑 20 的数

组成	9	9	9	9	8	8	8	7
	9	8	7	6	8	7	6	7
	2	3	4	5	4	5	6	6
和数	20	20	20	20	20	20	20	20

此外，除了上面讲的以外，还有一些不规则的组成情况，只要用心地练和算，熟练地掌握它们，利用一些数码规律和自己容易运算的方法，就能突破这个难点。

二、多行加减法

在运算多笔连加、连减混合算时，可采用多行看数、同位计算，用心算求出计算结果，并一次拨珠入盘。由于它能减少拨珠次数，缩短拨珠时间，所以熟练后可大大提高运算速度。

多位加减法根据看数多少不同，可分为"一目两行法"和"一目数行法"等；根据其拨珠方式不同可分为"前后拨珠法"和"来回拨珠法"；按其心算方式不同可分为"组合数连加减法"和"提前进退位法"。下面介绍几种常用的方法。

1. 一目两行（三行）直接加法

计算两（三）笔数时，逐位心算出同数位上两（三）笔数之和，并将其积拨入盘上对应档上的方法。

运算步骤及其方法：

（1）在算盘上选定个位档，将盘上记位点与数字上的分节点一致对应拨珠入盘。

（2）运算方法：逐位心算出同数位上两（三）笔数之和，并将同数位相加后的十位和个位分别拨入盘上对应档上。

（3）拨珠方向：从高位起算（或从低位起算）、穿梭运算选择使用。

【例 3-19】 8,269
7,854
+3,692
————————
1 8 ……………… 从万位档起拨入盘
1 6 ……………… 从千位档起拨入盘
2 0 ……………… 从百位档起拨入盘
1 5 ……………… 从十位档起拨入盘
————————
1 9,8 1 5 ……………… 得数（见图 3-47）

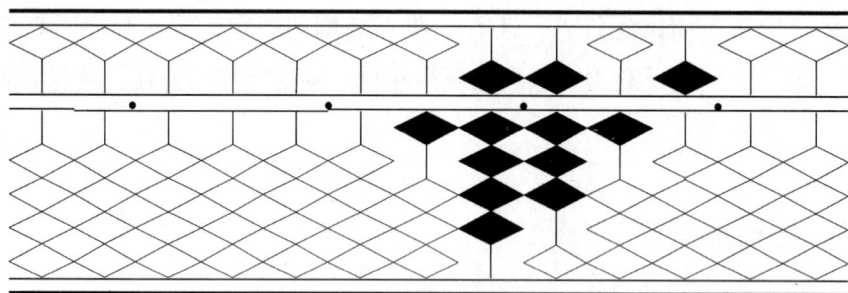

图 3-47

2. 一目两行（三行）提前进位加（减）法

计算两（三）笔数时，逐位心算出同数位上两（三）笔数之和，除首数之和外，均将这些和的十位数弃掉［提前进位（退位）］，留下的个位数与下一数位上的进位数一次心算相加（减），并将其积拨入盘上对应档上的方法。

运算步骤及其方法：

（1）在算盘上选定个位档，将盘上记位点与数字上的分节点一致对应拨珠入盘。

（2）运算方法：逐位心算出同数位上两（三）笔数之和（差），"算本位，看后位"，除首位数之和外，均将这些和的十位数弃掉〔提前进位（退位）〕，留下的个位数与下一数位上的进位数相加（减），并将其积拨入盘上对应档上。

即求，本位和数＝本位个位数＋后位进位数

本位差数＝本位个位数－后位退位数

（3）拨珠方向：从高位起算（或从低位起算）、穿梭运算选择使用。

【例3-20】
$$
\begin{array}{r}
8,269 \\
7,854 \\
+3,692 \\
\hline
\end{array}
$$

1 9 …………… 从万位档起拨入盘进位1，千位和数个位8与下位进位1相加

8 …………… 从百位和数个位6与下位进位2相加

1 5 …………… 从十位和数个位0与下位进位1相加

1 9，8 1 5 …… 得数（见图3-48）

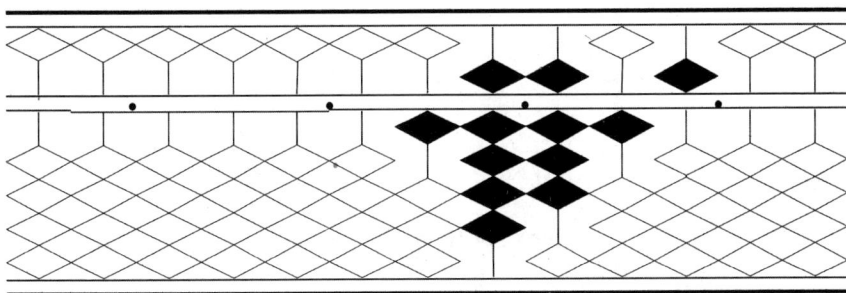

图3-48

【例3-21】769,468

      −53,876

      −94,087

    7−1 ············ 从十万位档起拨入盘6，万位提前退位1

     6−4 ·········· 从万位和数个位余2相加9−7−1·····从千位和数

            个位余2并提前退位1

      4−8 ········ 从千位和数个位已提前退位1，本位加6并提前

            退位1，余5

       6−5 ····· 从十位和数个位余1

        8−3 ····· 从个位和数个位余5加入

    6 2 1,5 0 5 ······ 得数（见图3-49）

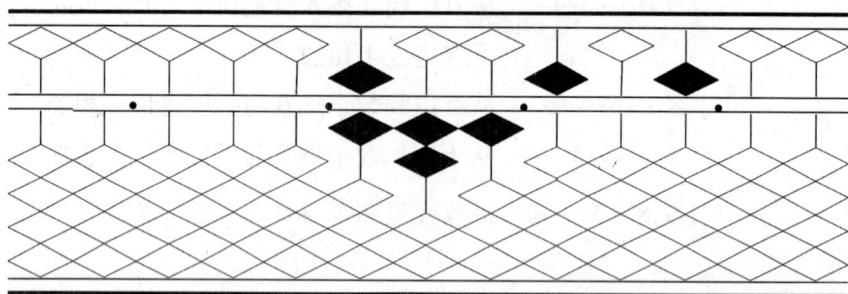

图3-49

3. 一目三行弃九法

计算三笔数之和时，利用补数原理进行计算的一种方法。

一目三行弃九法运算规则是：高位算起，前位进一；中位弃九，末位弃十；够弃加余，欠弃减差。

运算原理：前 中 末

       位 位 位   运算规则

       ▼ ⌒ ▼

    +1 0 0 0 ·······················0 0 0·····前位进一

    −9−9−9·······················−9−9 0·····中位弃九

                    −1 0······末位弃十

计算结果   0

运算规则说明：

（1）高位算起，前位进一。"高位算起"是指运算时从高位开始；"前位进一"是指在前位上提前进一。"前位"不一定是三笔数的最高位，它需在运算中临时确定，一般以题中三笔同位数字之和来确定。三笔同位数字之和最先满九或超九的那一位的前一位为"前位"。

（2）中位弃九，末位弃十。

"中位"的确定："前位"之后至"末位"之前的档位，均为"中位"。

"末位"的确定：最后一位（其和必须为非0数）为"末位"。

"中位弃九"指各个中位均减去一个9不作计算。

"末位弃十"指末位减去一个10不作计算。

（3）够弃加余，欠弃减差。

"够弃加余"指当三笔同位数字中有凑9（10）数时，则从题中弃去9（10），余下的数则在相应档次加上。

"欠弃减差"指当三笔同位数字之和不满9（10）时，则在相应档次上减去此数与9（10）的差数。

具体运算方法有以下两种：

（1）一目三行弃九加法。此种算法是在连加计算中，按一目三行弃九法计算原理所进行的一种加法方法。

【例3-22】前 中 末
　　　　　　位 位 位
　　　　　　▼⌒▼
　　　　　　3 6 9,1 5 3
　　　　　　　2 3,0 5 8
　　　　　　4 1 2,5 3 6
　　　　　　————————————

心算：　　　　　　8 ……………… 前位和为7，进1后为8

　　　　　　　　　0 ………… 中位弃九，为0

　　　　　　　　　5 ……… 弃九余5，加余5

　　　　　　　　　−3 …… 弃九欠3，减差3

　　　　　　　　　4 ………… 弃九余4，加余4

　　　　　　　　　7 ……… 弃十余7，加余7

　　　　　　804,747 ……… 得数（见图3-50）

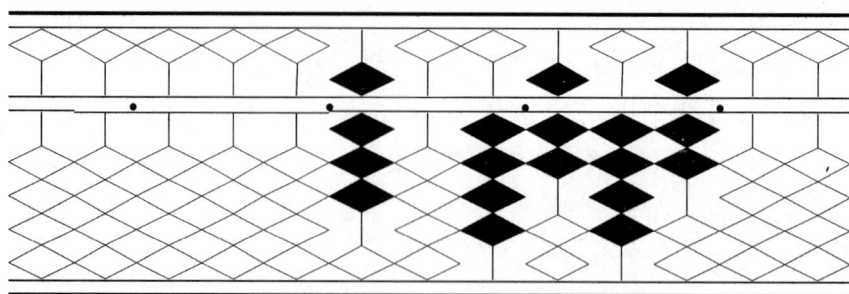

图 3-50

（2）一目三行弃九减法。先把被减数拨在算盘上，然后每三笔减数按照"高位算起，前位减一；中位弃九，超九减余，欠九加差；末位弃十，超十减余，欠十加差"的运算规则进行计算。

【例 3-23】 前　中　末

位　位　位

▼　⌒　▼

3 9 7,5 3 9

－4 3,0 7 2

－2 2,4 1 7

－3 7,1 9 6

─────────────

先将被减数拨珠入盘心算：

－1 ························· 前位减 1，为 2

0 ························· 弃九为 0

－3 ················· 弃九超 3，减余 3

4 ················· 弃九欠 4，加差 4

－8 ··········· 弃九超 8，减余 8

－5 ········· 弃十余 5，减余 5

─────────────

294,854 ·········· 得数（见图 3-51）

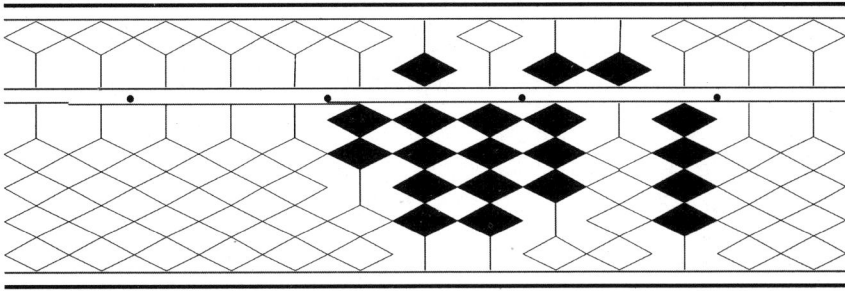

图 3-51

4. 一目三行加减混合抵消法

计算三笔数之差时，利用同号相加、异号抵消的原理，逐位心算出同数位上的和或差，并将抵消后的余数或差数拨入或拨出盘上对应档上的方法。

【例3-24】　　65,482

　　　　　　　42,319

　　　　　　 −24,987

　　　　　　───────

　　　　　8 …………… 同号相加、异号抵消，加余8

　　　　　3 …………… 同号相加、异号抵消，加余3

　　　　−2 …………… 同号相加、异号抵消，减差2

　　　　　1 …………… 同号相加、异号抵消，加余1

　　　　　4 …………… 同号相加、异号抵消，加余4

　　　　───────

　　　82,814 ……………得数（见图3-52）

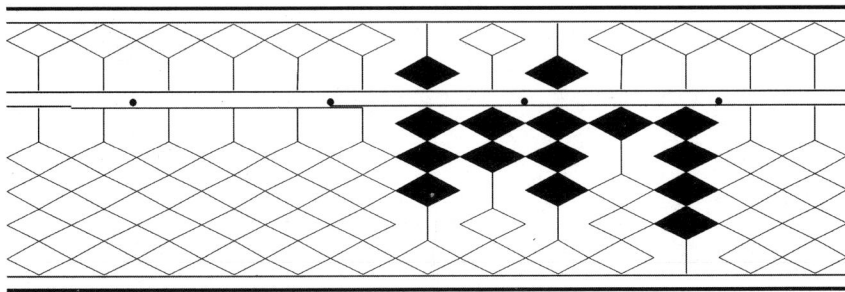

图 3-52

在进行加减抵消运算时，应遵循数近先抵消，上下先抵消，必须先抵消后，再作加减运算。

练 习

【练习六】

1.　　　6,358　　　　　36,848

　　　　81,624　　　　　56,801

　　　−53,076　　　　−31,694

2.　　　8,629　　　　　47,851

　　　　　543　　　　　−9,574

　　　　7,361　　　　　−3,062

　　　　63,108　　　　　921.03

　　　　9,724　　　　−683.47

　　　　7,516　　　　　32.62

3.　　698,547　　　　1,671,643

　　4,370,128　　　52,340,678

　　　63,752　　　　　39,187

　　5,702,491　　　6,843,920

　　　930,845　　　　924,807

　　　147,236　　　70,168,437

　　4,086,152

　　　328,793

　−2,720,684

　1,064,295

　−342,971

　−57,698

第四节　传票算和账表算

一、传票算

传票运算也称传票算，是指在经济核算过程中，对各种单据、发票或凭证进行汇总计算的一种方法，一般采用加减运算。它是加减运算在实际工作中的具体应用，它可以为会计核算、财会分析、统计报表提供及时、准确、可靠的基础数字，是财经工作者必备的一项基本功，并被列入全国会计技能比赛的正式项目。

（一）传票的种类和规格

1. 传票的种类

传票分为两种：第一种是订本式传票，是在传票的左上角装订成册，一般在比赛中使用。第二种是活页式传票，在实际工作中，主要是银行业使用较多，现在全国会计技能大赛也采用这个方式。

2. 传票规格

传票采用规格长约 19 厘米、宽约 8 厘米的 70 克规格书写纸，用 4 号手写体铅字印刷，每本传票共 100 页，每页五行数，由四至九位数组成。其中四位、九位数各占 10%，五位、六位、七位、八位数各占 20%，都有两位小数；页内依次印有一. 至五. 的行次标记，设任意 20 页的 20 个数据一组，累加为一题，0~9 十个数字均衡出现。

（二）传票运算的基本功

进行传票运算，除必须熟练掌握加减法运算外，还应掌握传票的找页、翻页、数页等基本功。

1. 传票的摆放位置

为了便于传票运算，传票本应摆放在适当的位置。一般是放在算盘的左下方，其主要目的是要方便自己看数计算。

2. 传票整理

在传票运算前，首先要整理传票，即将传票捻成扇形，使每张传票自然松动，不会出现粘在一起的情况。

捻扇形的方法：用两手拇指放在传票封面上，两手的其余四指放在背面，左手捏住传票的左上角，右手拇指放在传票下面。然后，右手拇指向顺时针方向捻动，左手配合右手向反方向用力，轻轻捻动即成扇形，扇形幅度不宜过大，只要把传票封面向下凸出，背面向上凸出，便于翻页即可。最后用夹子将传票的左上角夹住，使扇形固定，再用一个较小的票夹夹在传票最后一页的右下角将传票架起，使扇形固定，防止错乱。

传票整理好后，还要检查传票是否有错误，如有无缺页、重页、数字不清、错行、装订方向错误等，一经发现，应及时更换传票，待检查无误后，方可开始计算。

提示：捻成的扇形幅度不宜过大，只要把传票封面向下突出，便于翻页即可。

3. 找页

找页的动作快慢、准确与否，将直接影响传票运算的准确和速度。找页是传票运算的基本功之一，必须加强练习。找页的关键是练手感，即摸纸页的厚度，如 10 页、20 页、30 页、50 页等的厚度做到仅凭手的感觉就可一次翻到邻近的页码上，然后，再用左手向前或向后调整，迅速翻至要找的页码。

找页的基本要求是：右手在书写上一题的答案时，用眼睛的余光看清下一题的起始页数，用左手迅速准确找到下一题的起始页数，做到边写答案边找页。

4. 翻页

传票算要求用左手翻传票，右手拨珠，两手同时进行。传票翻页的方法是：将左手食指、拇指放在每题的起始页，小指、无名指放在传票封面的左下方，中指配合挡住已翻过的页，食指配合拇指将传票一页一页掀起。翻页与计算必须同时进行，票页不宜翻得过高，角度应适宜，以能看清数据为准。翻页输入时，可采用一次一页打法，也可采用一次两页或一次三页打法。

提示：翻页练习是传票翻打的基础，只有左手能很准确、连贯、快速地翻开传票，才能进行传票翻打录入。

5. 记页

在传票运算时，为了避免计算过页或计算不够页，应掌握记页、数页的方法。记页，就是在运算中记住终止页，估计快要运算完该题时，用眼睛的余光扫视传票的页码，以防过页。数页就是边运算边默念已打过的页数，最好每打一页，默念一页，以 20 页为一组为例，打第一次默念 1，打第二次默念 2……默念到 20 时核对该题的起止页数，如无误，立即按回车键。

如果采用一目两页打法，仍以 20 页为一组为例，每题只数 10 次，即打前两页时默念 1，再打两页时默念 2……默念到 10 时，核对该题的起止页数。

提示：记页、数页看似很简单，但在实际操作过程中却十分重要，练习之初就应该养成记页、数页的好习惯，避免多算或少算而影响运算速度。

（三）传票算的计算方法

1. 一目一页打法

所谓一目一页打法，就是翻一页计算一页。一目一页打法中拨珠方向有传统打法和来回打法两种。

（1）传统打法，即指每页在拨珠入盘时，都是按从左到右（从高位到低位）的顺序依次拨珠入盘，直至运算完毕。

【例 3-25】某题起止页数为"5~24"，行数为"三"，则运算顺序如下：

第 5 页（三）　　　→ 48.36

第 6 页（三）　　　→ 273.05

　　⋮　　　　　　　　⋮

第 17 页（三）　　　→ 1,295.38

第 18 页（三）　　　→ 4,159.87

　　⋮　　　　　　　　⋮

第 23 页（三）　　　→ 15,791.35

第 24 页（三）　　　→ 452.91

（2）来回打法，即指某题先从左到右，再从右到左，如此反复多次拨珠入盘，直至运算完毕。

【例 3-26】某题起止页数为"13~32"，行数为"五"，则运算顺序如下：

第 13 页（五）　　　→ 19.27

第 14 页（五）　　　279.36←

　　⋮　　　　　　　　⋮

第 27 页（五）　　　→ 3,275.79

第 28 页（五）　　　6,409.67←

　　⋮　　　　　　　　⋮

第 31 页（五）	→ 57,390.83
第 32 页（五）	291.48←

2. 一目两页（三页）打法

一目两页（三页）打法指每次翻起两页（三页）传票，并将这两页（三页）传票上同行数字按一目两行（三行）直接加法或其他简捷加法，计算出结果一次拨入盘上对应档上。

【例 3-27】 某题起止页数为"13~32"，行数为"五"，则运算顺序如下：

第 13 页（五） → 19.27 ⎫
第 14 页（五） → 279.36 ⎭ 298.63

⋮ ⋮

第 27 页（五） 3,275.79 ← ⎫
第 28 页（五） 6,409.67 ← ⎭ 9,685.46

⋮ ⋮

第 31 页（五） → 57,390.83 ⎫
第 32 页（五） → 291.48 ⎭ 57,682.31

【例 3-28】 某题起止页数为"13~32"，行数为"五"，则运算顺序如下：

第 13 页（五） → 19.27 ⎫
第 14 页（五） → 279.36 ⎬ 3,574.42
第 15 页（五） → 3,275.79 ⎭

⋮ ⋮

第 30 页（五） 6,409.67 ← ⎫
第 31 页（五） 57,390.83 ← ⎬ 64,091.98
第 32 页（五） 291.48 ← ⎭

为了提高一目两页（三页）打法的准确度和速度，要有扎实的基本功。要加强不同页的同行两数（三数）之和的心算能力，最好先练习最下面一行，基本熟练后，再逐步上移。多页打法要先练翻页，注意左手各手指动作的协调配合，幅度适当，切实到位，前后翻页动作要衔接紧凑，中间不出现停顿。左手翻页，右手拨珠，使翻页、看数、拨珠等动作连贯统一。运算时，动作要规范，不错档、错位，养成熟练的反射意识。在利用两页（三页）打法时，为了提高运算速度和找位的准确度，可利用从低位起算的和数入盘的运算方法，传票从低位起算易于找档，在和数中进位数可一次心算入盘，减少拨珠次数。在进行传票运算时，只有做到眼、脑、手紧密配合，不停顿地连续运算，一气呵成，才能取得传票算的好成绩。

二、账表算

账表算又称表册算，是会计和统计工作日常汇总核算中常用的一种表格计算方法。

（一）账表算的题型

全国标准账表算为纯加和加减混合题型。每张表纵向五题，每题 20 笔数，120 个字码，由四位至八位数各四行组成；横向二十题，每题 30 个字码，由四位至八位数各一行组成。每笔数字均为整数，不带小数，每题 0~9 均衡出现。纵向第四、第五题中各有两笔负数，分别排列在横向四个题中。账表算的题型如下：

表 3-2

序号	（一）	（二）	（三）	（四）	（五）	合计
1	4,792,310	358,647	31,496,805	10,837	2,047	
2	37,189,465	6,072,958	5,061	753,419	56,829	
3	15,392	8,102	103,247	12,409,563	-4,805,316	
4	2,583	25,710,496	76,508	-9,785,431	289,503	
5	64,718,329	4,932,678	3,692	837,654	76,380	
⋮						
20	876,905	13,926	9,326,807	1,308	10,258,796	
合计						

（二）账表算的评分办法

账表算每张表满分为 200 分，纵向五题，每题 14 分，共 70 分；横向二十题，每题 4 分，共 80 分；纵横都计算准确计 150 分，纵横轧平再加 50 分，则算平—张表共计 200 分。前表不计算完，后表不计分。

账表算的准确性非常重要。纵横算错一题，都不能轧平。不但 150 分得不到，还须从 150 分中减去错题分数。所以应练就扎实的基本功，不但计算快，更要计算准。

（三）账表算的具体方法

1. 纵向运算

可采用前面介绍的"一目多行运算"加法和加减混合计算方法，这里不再赘述。

2. 横向运算

横向运算可采用一目一数计算法和一目多数计算法。

（1）一目一数计算法。可分两种：

第一种是传统加减法，即从高位至低位，看一数打一数的计算方法。

【例 3-29】

| 9,450,286 | 519,763 | 10,593,842 | 29,831 | 2,579 |

第二种是穿梭法，即先从高位至低位，再从低位至高位的计算方法。

【例 3-30】

| 6,702 | 96,783,251 | 64,751 | 4,657,109 | 598,703 |

（2）一目两（三）数计算法。横式一目两（三）数计算法与竖式一目两（三）行计算法相比难度较大。因为横向两（三）数的同位数是左右排列而不是上下排列的，为防止错位，可用左手中指、食指适当分开，同时指点左右两笔数的下边（最好选择每数的固定位置，如千位），利用左手中指、食指的指点位置，便于确定横向两（三）数的同位数，为进一步采用下述方法奠定基础：

二、二、一的横向计算方法。在运算账表时，横向每 5 排数字为一题，为提高运算速度，先把横向第一、第二排数字通过心算之和拨入算盘，再把第三、第四排数字通过心算拨入盘上，再加上第 5 排数字即为答数；为减轻心算压力，也可以先把一、二排数字，从高位到低位或从低位到高位依次计算后拨入算盘，与加减法中一目两行直接加减法的方法计算相同，不同之处在于加减法中第一、第二行为纵向计算，而账表算则为横向计算，难度较大，通过一定时间的练习，即能大大提高运算效率。

第五节 加减差错查找法

在珠算加减法运算中，经常会出现各类错误，因此需要我们了解出现差错的类型，及时查找错误的根源，以便及时纠正偏差，提高运算的准确性和速度。

一、加减验算

1. 复核法

按照原题的运算方法和运算顺序再重新计算一次，如果两次运算结果相同，则视计算正确。

2. 逆算法

（1）可按照与原题相反的顺序（从下往上），再计算一次。

（2）可根据加减法互为逆运算的原理，在上次计算结果的基础上变号再计算一次。

差错的查找方法还有全面查找法、分项查找法、还原查找法等。

二、常见差错的查找

1. 拨珠差错

在运算拨珠时，由于带珠、漂珠或漏珠等情况而造成差错，会出现得数差1、差2或差5，这类差错采用"哪错查哪"的部分检查方法，不必全部重新计算。

2. 相邻数字颠倒

运算时有时会发生相邻两个数字颠倒差错，这类差错，计算结果和验算结果的差数必然能被9除尽。当差数除9商是一位数时，说明个位与十位数颠倒；商是二位数时，说明是十位与百位数颠倒；商是三位数时，说明百位与千位数颠倒；依次类推。如将296误为269，296-269=27，27÷9=3，可见是最末两个数字颠倒了，且两数差为3（9-6）；再如573与753，753-573=180，180÷9=20，可见十位与百位数颠倒了，且两数差为2（7-5）。

例如：624+971+853，本题第一次算的结果是 2,448，第二次算的结果是 2,394，两得数差是 54，而 54÷9＝6，说明可能是将某数个位与十位颠倒了，且两数差 6，经查加数 971 的末两位数相差 6，说明在计算过程中将 971 误拨成 917，因此第一次得数 2,448 是正确的。

3. 数字错位

运算时也会出现将数字拨错档，把百位数误为千位数或把千位数误为百位数而形成差错。计算结果与验算结果的差必定能被 9 除尽，所得商一定是算题中的某数或某数的 10 倍或 1/10。说明在计算时将该数拨错位了。

例如，把 2,685 拨成 26,850，使得数多了 24,165，而 24,165÷9＝2,685，正好是 2,685，这说明在计算时把数 2,685 误拨成 26,850 了。

4. 正负差错

在多笔加减混合运算中，有时会将符号看错，该减的数加上了。这样就形成了两倍于该数的差错。则两个得数的差必然能被 2 除尽。

例如，5,761+3,085-2,473-928，得数应该是 5,445，假如把-928 打成+928，得数就成了 7,301，它们的差数是 7,301-5,445＝1,856，刚好是 928 的两倍。这说明该减去的反而加上了。

5. 重计和漏计差错

在多笔加减混合运算中，有时会漏加一行数或算重一行数而出现差错。则两次得数的差正好是算题中的某笔数字。

例如，743+681-369+214，得数应该是 1,269，假如漏掉了数字 214，得数就是 1,055，它们的差数是 1,269-1,055＝214，刚好是算题中的一笔数字。分析后说明是漏计了 214。

第四章　珠算乘法

学习指导

　　本章主要学习乘法的基本方法，要求掌握：

　　1. 数的定位方法。

　　2. 积的定位方法。

　　3. 置数后乘法的运算方法。

　　4. 空盘前乘法的运算方法。

第一节　乘法基础知识

　　珠算计算乘法时，定位很重要。因为算盘上没有固定的数位，数字前后又用"0"代表空档，所以计算时如不定位，就很难确定结果是多少。如 725×4 和 7.25×4，其乘积在算盘上的表示都是一个数字 3。实际上前者的乘积是 3,000，后者的乘积是 30。可见，如果不对乘积进行定位，就容易造成错误。因此，在学习珠算乘法时，应先学习乘积的定位，而要掌握乘积的定位法，就必须先了解数的定位。

一、数的定位

　　数的位数可归纳为以下三种情况：

1. 正位数

凡整数和带小数的整数，有几位整数就叫正几位（用符号"+"表示）。如：856 是+3 位，8.56 是+1 位。

2. 零位数

凡纯小数的小数点后面紧接着的不是 0 就是零位数。如 0.856 和 0.135 都是零位数。

3. 负位数

凡纯小数的小数点后面有几个连续的 0 就是负几位（用"－"号表示）。如：0.0856 是－1 位，0.000856 是－3 位。

二、积的定位

积的定位法一般有三种，即公式定位法、固定个位档法和移档定位法。在此主要介绍前两种方法。

1. 公式定位法

公式定位法是根据被乘数和乘数的位数来确定乘积位数的一种通用的定位方法。以 M 表示被乘数的位数，N 表示乘数的位数，S 表示乘积的位数，则乘积的位数可用两种公式表示：

$$S = M+N \qquad\qquad (4-1)$$
$$S = M+N-1 \qquad\qquad (4-2)$$

在什么情况下用公式（4-1），在什么情况下用公式（4-2）呢？先看两组例题：

第一组：6×35＝210　　　　　1 位+2 位＝3 位

　　　　5×0.035＝0.175　　　1 位+（－1 位）＝零位

第二组：2×35＝70　　　　　　1 位+2 位－1 位＝2 位

　　　　1×0.035＝0.035　　　1 位+（－1 位）－1 位＝（－1 位）

从以上例题看出，第一组用公式（4-1）；第二组用公式（4-2）。判断用哪个公式进行定位可用比较法。

（1）当乘数和被乘数的两首位数相乘的积进位时，即积的首位数字比被乘数或乘数的首位数字小时，就选用公式（4-1）定位。

【例 4-1】4,623×5＝23,115

因为积的最高位数字是 2，小于两因数中最高位数字 4 或 5，所以选用公式（4-1）定位。

积的位数 = 4 位 + 1 位 = 5 位

这种积数的特点是：凡进位的，积首就变小，其定位规律可为"积首小，位相加"（指被乘数位数和乘数位数相加）。

（2）当乘数和被乘数的两首位数相乘的积不进位时，要看下一档，下档有进位用公式（4-1）定位，下档无进位用公式（4-2）定位。

【例 4-2】23.4×0.4 = 9.36

2 和 4 的积为 08，不进位，看下一档，3 和 4 的积为 12，递位叠加后为 092，无进位，故选用公式（4-2）定位。

积的位数 = 2 位 + 0 位 - 1 位 = 1 位

这种积数的特点是：凡是不进位的，积首就变大，其定位规律可为"积首大，加后减一"（指被乘数位数与乘数位数相加后减去 1 位）。

（3）当积的首位数字与被乘数或乘数当中的其中一个相同，就用另一个进行比较，如积的首位数字小于另一个数的首位数，用公式（4-1）定位；如积的首位数字大于另一个数的首位数，用公式（4-2）。

【例 4-3】9×124 = 1,116

积的首位数字 1 与乘数的首位数相同，但小于被乘数的首位数 9，故用公式（4-1）定位，即 1 位 + 3 位 = 4 位。

【例 4-4】2×134 = 268

积的首位数字 2 与被乘数的首位数字相同，但大于乘数的首位数 1，故用公式（4-2）定位。即 1 位 + 3 位 - 1 位 = 3 位。

这种积数的特点是：如果"一齐一小"属"积首小，位相加"，即用公式（4-1）定位；如果"一齐一大"属"积首大，加后减一"，即用公式（4-2）定位。

（4）当积的首位数字与被乘数或乘数的首位数字相同时，则比较它们的第二位，第二位相同时，则比较第三位，以此类推，比较方法如以上三种情况。

【例 4-5】12×14 = 168

积的首位数字与被乘数或乘数的首位数字都是 1，故比较它们的第二位，积的第二位是 6 比被乘数的第二位 2 大，比乘数的第二位 4 也大，故用公式（4-2）定位。即 2 位 + 2 位 - 1 位 = 3 位。

总之，应用公式定位法时，积的定位规则可归纳为"积首小，位相加；积首大，加后减一"。

公式定位法的优点在于它是一种通用的定位法，无论是笔算、珠算，或是用计算尺、计算器等各种计算工具计算的乘法，都可用此方法确定乘积的位数。

2. 固定个位档法

固定个位档法是在运算前先选定算盘上的某一档作为积的个位档，并以这一档为基点，来确定积的位置，运算完毕后，积的个位就在所选定的个位档上，故名"固定个位档法"。用 M 表示被乘数位数，用 N 表示乘数位数，用被乘数位数加上乘数位数，即用 M+N 来确定乘积最高档。它有三种情况，当 M+N 等于正位时，乘积最高档就在正几位；当 M+N 等于负几位时，乘积最高档就在负几位；当 M+N 等于零时，乘积最高档就在零位。运算后，盘上得数就是所求的积数。

【例 4-6】3,428×24＝82,272

（1）选算盘左起第六档为固定个位档（见图 4-1）。

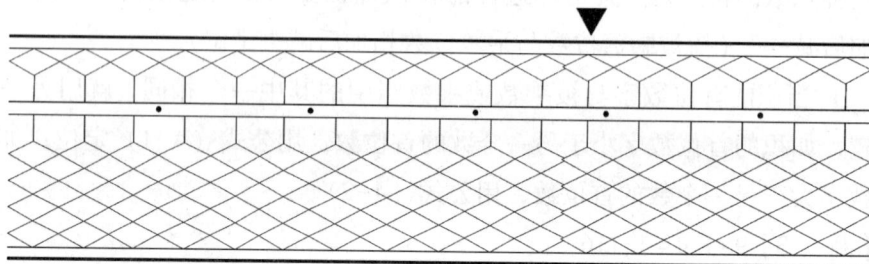

图 4-1

（2）M+N，即 4 位+2 位＝6 位。

（3）运算结果，盘后数为 82,272，原定个位，即为积的个位，故数值 82,272（见图 4-2）。

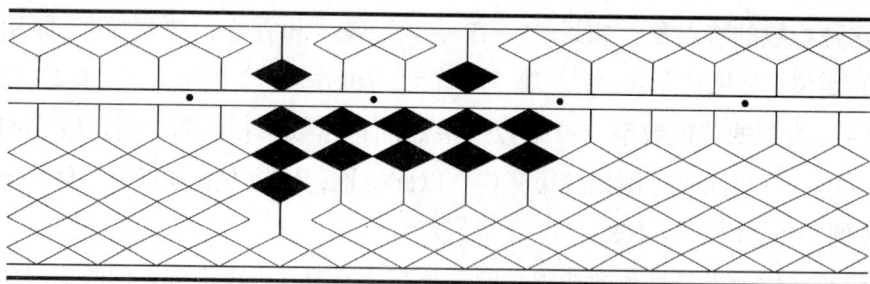

图 4-2

三、大九九口诀

珠算乘法和笔算一样，是运用乘法口诀进行运算的。乘法口诀有"大九九"和"小九九"两种。由于"大九九"的排列方法，在计算时不必颠倒乘数与被乘数的位置，因此，在珠算乘法运算中，宜采用大九九口诀。大九九口诀如下：

$1×1=01$

$1×2=02$　$2×2=04$

$1×3=03$　$2×3=06$　$3×3=09$

$1×4=04$　$2×4=08$　$3×4=12$　$4×4=16$

$1×5=05$　$2×5=10$　$3×5=15$　$4×5=20$　$5×5=25$

$1×6=06$　$2×6=12$　$3×6=18$　$4×6=24$　$5×6=30$　$6×6=36$

$1×7=07$　$2×7=14$　$3×7=21$　$4×7=28$　$5×7=35$　$6×7=42$　$7×7=49$

$1×8=08$　$2×8=16$　$3×8=24$　$4×8=32$　$5×8=40$　$6×8=48$　$7×8=56$　$8×8=64$

$1×9=09$　$2×9=18$　$3×9=27$　$4×9=36$　$5×9=45$　$6×9=54$　$7×9=63$　$8×9=72$　$9×9=81$

练 习

【练习一】数的定位

1. 289

2. 3,7089

3. 369.85

4. 35.08

5. 0.23

6. 0.2037

7. 0.00269

8. 69,415

9. 76,012.003

10. 12,000

11. 0.00095

12. 63.51

13. 530.16

14. 36,200

15. 0.2309

16. 0.3426

17. 68.9860

18. 0.30008

19. 260.015

20. 78.00013

【练习二】积的定位

1. 15×26

2. 0.0236×326

3. 63.360×121

4. 4.012×9.0152

5. 1,157×0.023

6. 900×0.0035

7. 296×64

8. 509×27.13

9. 0.026×408

10. 605×24

11. 8,307×63

12. 294×5,789

13. 6,158×392

14. 7,156×0.21

15. 2,087×2.35

16. 285×0.032

17. 6,003×0.00069

18. 2.0012×0.3

19. 325×0.018

20. 16.33×2.96

第二节　置数后乘法

珠算乘法的方法按大类分为前乘法和后乘法。前乘法只介绍空盘前乘法，后乘法只介绍置数后乘法。置数后乘法就是在乘法运算前，先把被乘数拨置在算盘上，运算顺序从被乘数的最末位数开始乘数相乘。

其计算步骤如下：

（1）置数：将被乘数拨在算盘上，默记乘数。

（2）运算顺序：将乘数从被乘数末位起依次与被乘数相乘，直至被乘数首位止。

（3）加积档次：被乘数与乘数相乘时，被乘数的本档改为积的十位数，个位数拨在右一档，如果乘积的十位数是零，应拨去被乘数本档数字，以空档表示零，乘积的个位数仍拨在右一档上。

（4）定位：采用公式定位法。

一、一位数置数后乘法

【例4-7】654×6=3,924

运算步骤如下：

（1）从算盘左一档起，依次拨入被乘数654，默记乘数6（见图4-3）。

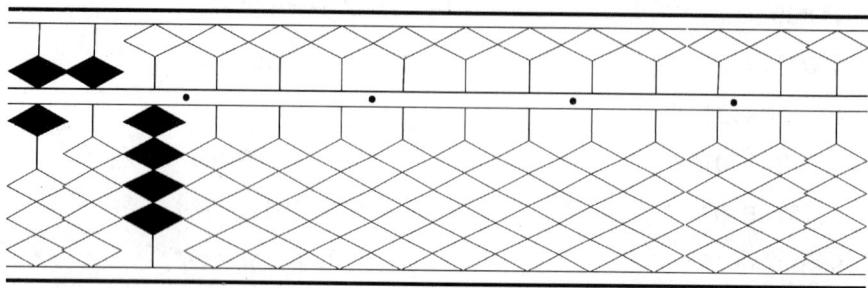

图4-3

（2）用被乘数末位 4 与乘数 6 相乘："六四 24"，拨去本档 4，加上 24（见图 4-4）。

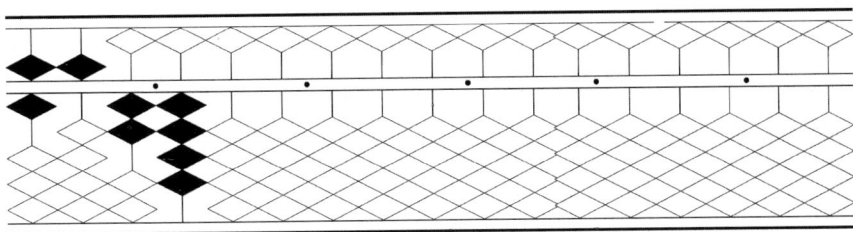

图 4-4

（3）用被乘数 5 与乘数 6 相乘："六五 30"，拨去本档 5，加上 30（见图 4-5）。

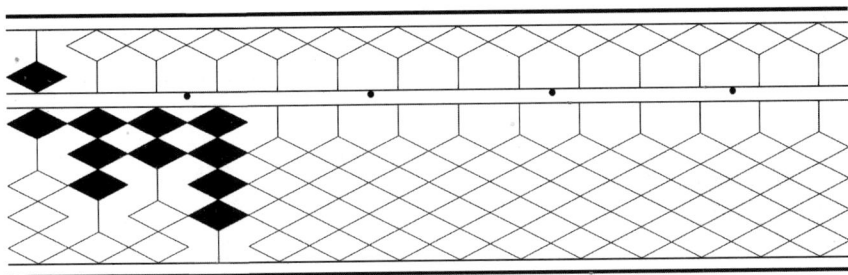

图 4-5

（4）用被乘数 6 与乘数 6 相乘："六六 36"，拨去本档 6，加上 36（见图 4-6）。

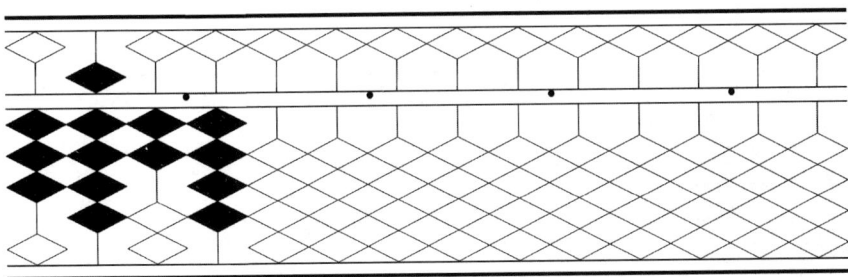

图 4-6

（5）定位：3 位+1 位=4 位。

【例 4-8】0.835×5=4.175

运算步骤如下：

（1）从算盘左一档起，依次拨入被乘数 0.835，默记乘数 5（见图 4-7）。

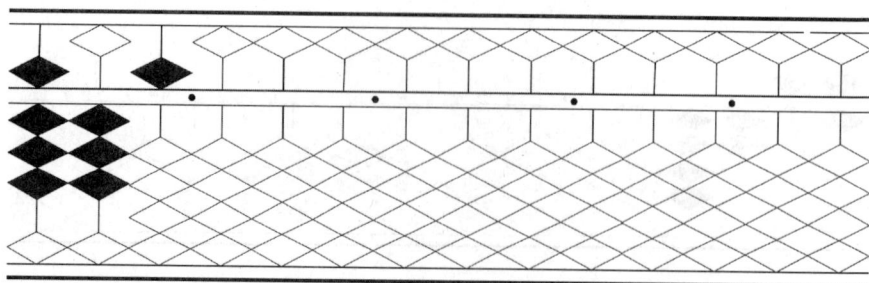

图 4-7

（2）用被乘数末位 5 与乘数 5 相乘："五五 25"，拨去本档 5，加上 25（见图 4-8）。

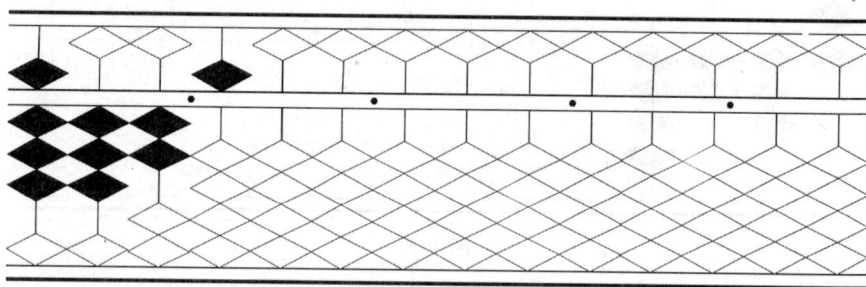

图 4-8

（3）用被乘数 3 与乘数 5 相乘："五三 15"，拨去本档 3，加上 15（见图 4-9）。

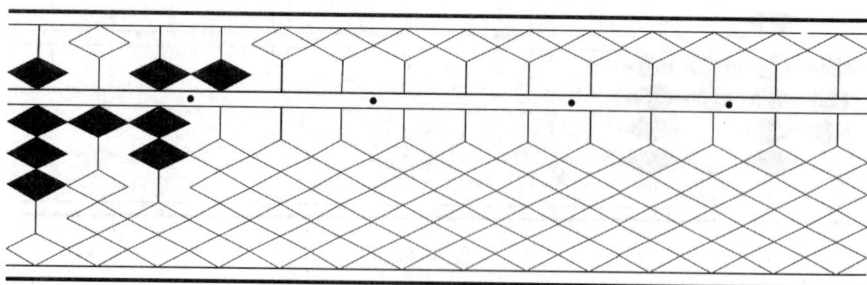

图 4-9

（4）用被乘数 8 与乘数 5 相乘："五八 40"，拨去本档 8，加上 40（见图 4-10）。

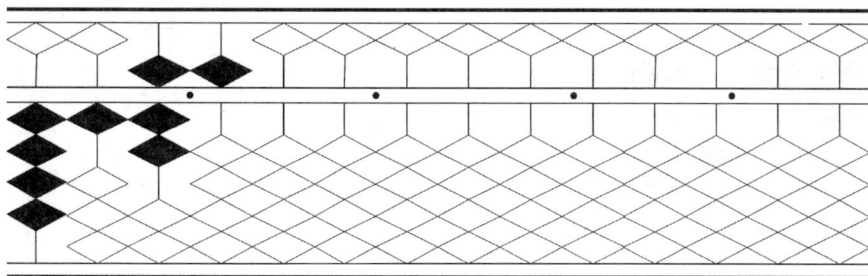

图 4-10

（5）定位：0 位+1 位=1 位。

二、多位数置数后乘法

其运算步骤如下：

（1）置数：从算盘左边第一档起依次拨上被乘数，默记乘数。

（2）顺序：先用被乘数的末位数字与乘数最高位数字相乘，一直乘到末位数字，再用被乘数其余各位数字由低位到高位照同样方法进行运算，直到都乘过为止。

（3）加积：乘数是第几位，则乘积的个位数就拨在被乘数本位的右几档上。

（4）积的定位采用公式定位法定位。

【例 4-9】 654×78=51,012

（1）从算盘左一档起，依次拨入被乘数 654，默记乘数 78（见图 4-11）。

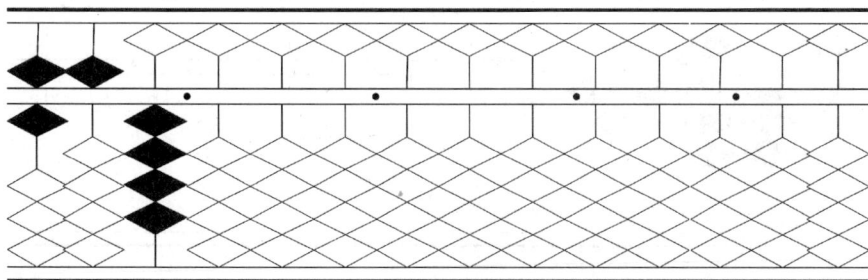

图 4-11

（2）用被乘数末位 4 与乘数最高位 7 相乘，"四七 28"，拨去本档 4 加上 28（见图 4-12）。

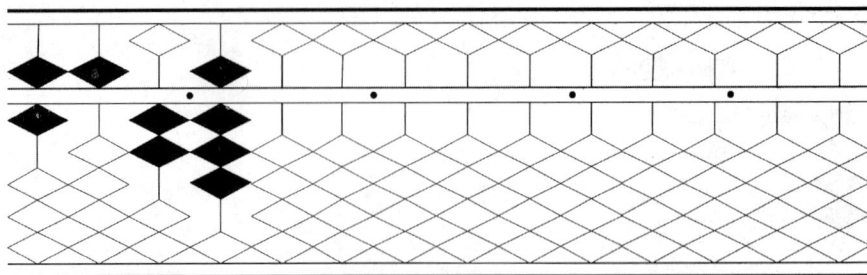

图 4-12

（3）用被乘数 4 与乘数第二位 8 相乘，"四八 32"，从其右一档起加上 32（见图 4-13）。

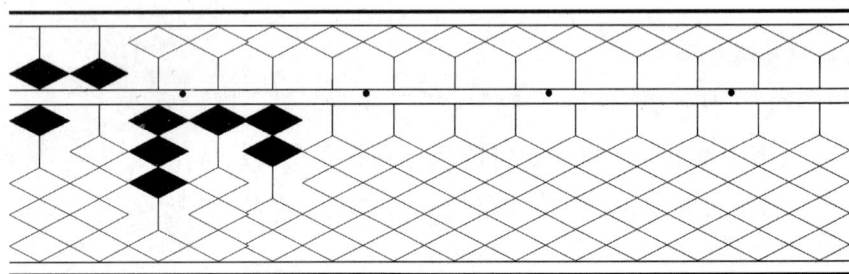

图 4-13

（4）用被乘数第二位 5 与乘数最高位 7 相乘，"五七 35"，拨去本档 5 加上 35（见图 4-14）。

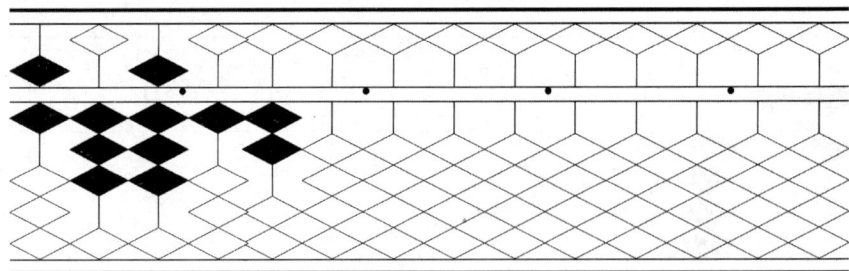

图 4-14

（5）用被乘数第二位 5 与乘数第二位 8 相乘，"五八 40"从其右一档起加上 40（见图 4-15）。

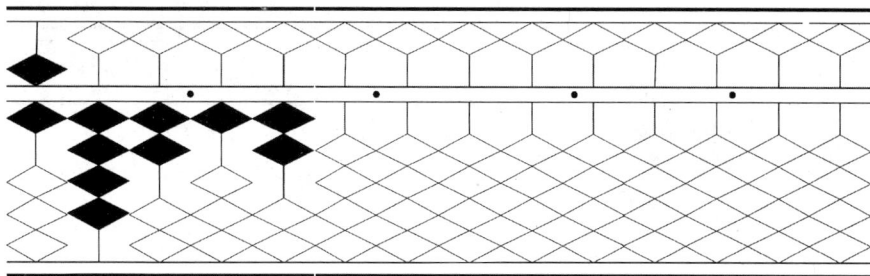

图 4-15

（6）用被乘数的最高位 6 与乘数最高位 7 相乘，"六七 42"，拨去本档 6 加上 42（见图 4-16）。

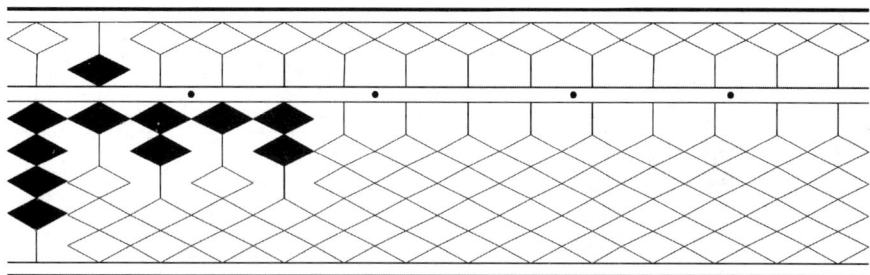

图 4-16

（7）用被乘数的最高位 6 与乘数第二位 8 相乘，"六八 48"，从其右一档起加上 48（见图 4-17）。

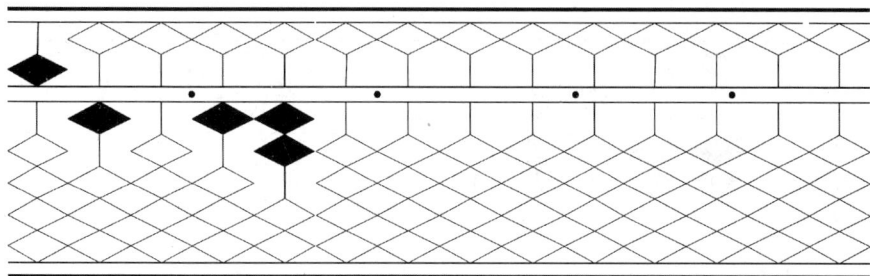

图 4-17

（8）根据公式定位法定位：积的位数＝3＋2＝5 位。

【例 4-10】20.28×0.00335＝0.067938

（1）从算盘左一档起，依次拨入被乘数 2028，默记乘数 335（见图 4-18）。

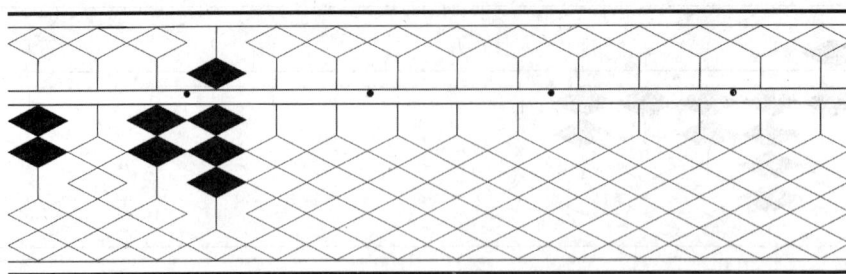

图 4-18

（2）用被乘数末位 8 与乘数最高位 3 相乘，"三八 24"，拨去本档 8 加上 24（图 4-19）。

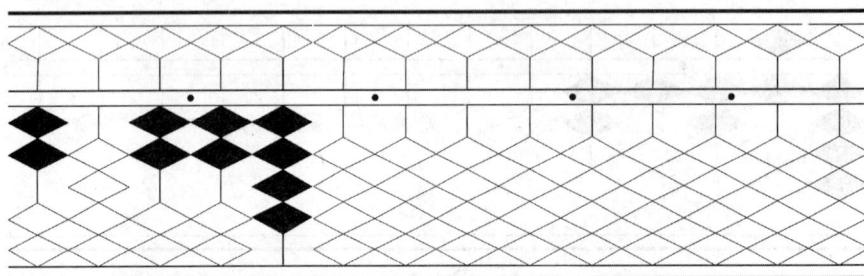

图 4-19

（3）用被乘数 8 与乘数后两位 35 相乘，"八三 24"、"八五 40"，从其右一档起错位加上 24、40（见图 4-20）。

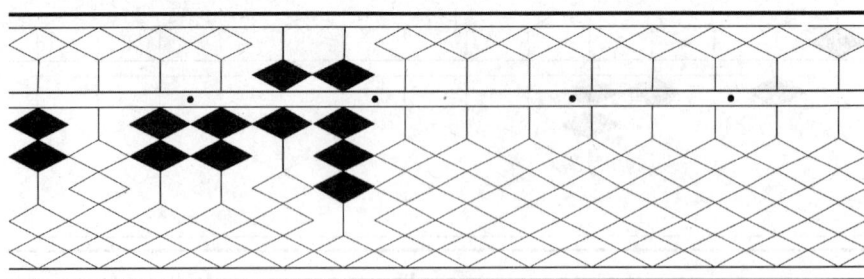

图 4-20

（4）用被乘数第三位 2 与乘数最高位 3 相乘，"三二 06"，拨去本档 2 加上 06（见图 4-21）。

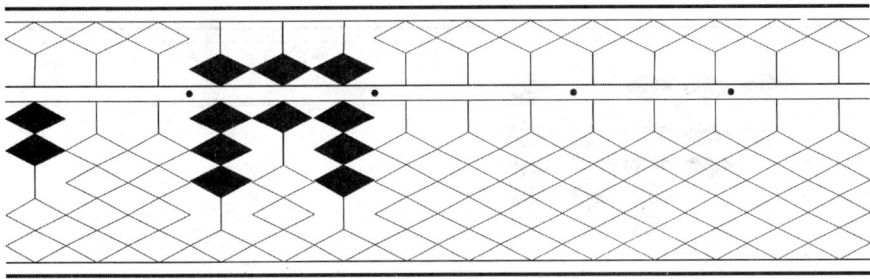

图 4-21

（5）用被乘数 2 与乘数后两位 35 相乘，"二三 06"、"二五 10"，从其右一档起错位加上 06、10（见图 4-22）。

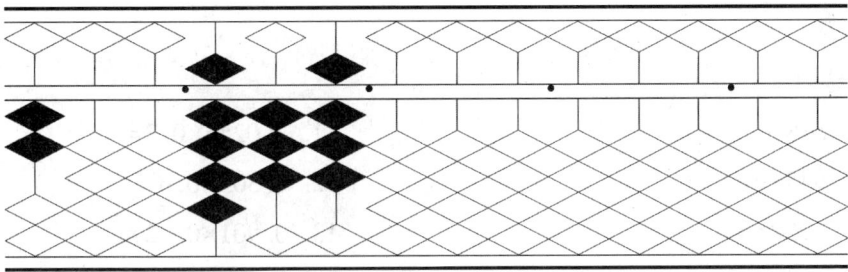

图 4-22

（6）用被乘数第一位 2 与乘数最高位 3 相乘，"三二 06"，拨去本档 2 加上 06（见图 4-23）。

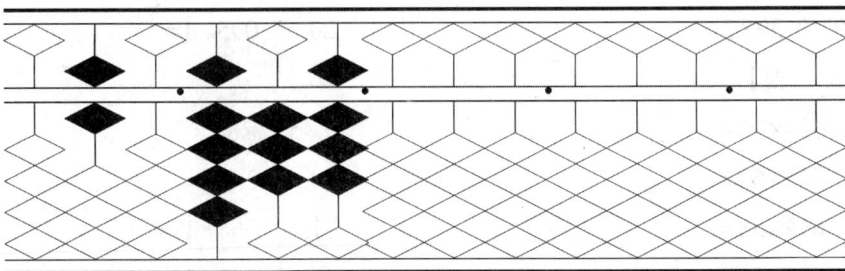

图 4-23

（7）用被乘数 2 与乘数后两位 35 相乘，"二三 06"、"二五 10"，从其右一档起错位加上 06、10（见图 4-24）。

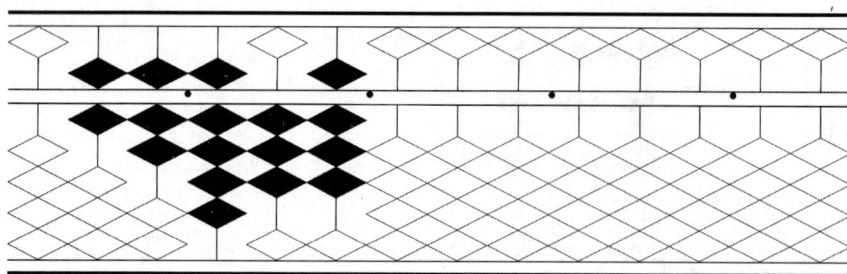

图 4-24

（8）根据公式定位法定位：积的位数＝2+（-2）-1=-1 位。

练 习

【练习三】

1. 64×3 =

2. 945×6 =

3. 195×5 =

4. 631×9 =

5. 1,890×3 =

6. 4,295×4 =

7. 3,905×5 =

8. 6.27×3 =

9. 5.32×6 =

10. 0.39×7 =

11. 0.0256×0.3 =

12. 0.305×0.6 =

13. 0.901×0.02 =

14. 2.89×0.006 =

15. 0.678×2 =

16. 6.985×4 =

17. 0.452×8 =

18. 78.5×0.07 =

19. 2,816×3 =

20. 3,095×8 =

【练习四】

1. 624×35 =

2. 945×67 =

3. 895×58 =

4. 632×94 =

5. 890×36 =

6. 298×47 =

7. 905×52 =

8. 627×43 =

9. 532×86 =

10. 392×79 =

11. 2,564×37 =

12. 3,205×56 =

13. 9,017×29 =

14. 2,896×65 =

15. 5,678×26 =

16. 6.985×41 =

17. 0.452×82 =

18. 78.52×0.075 =

19. 2,816×0.23 =

20. 3,095×0.68 =

【练习五】

1. 654×351 =

2. 345×607 =

3. 295×528 =

4. 632×964 =

5. 890×316 =

6. 298×467 =

7. 905×532 =

8. 627×413 =

9. 532×856 =

10. 392×279 =

11. 2,564×137 =

12. 3,205×356 =

13. 9,017×529 =

14. 2,896×465 =

15. 5,678×726 =

16. 6.985×241 =

17. 0.0895×3.96 =

18. 25.869×2.78 =

19. 36.035×1.02 =

20. 13.682×3.65 =

第三节　空盘前乘法

所谓"空盘"就是不在算盘上置乘数和被乘数，而将两者的乘积直接拨在算盘上；"前乘"是指运算时从被乘数和乘数的最高位数字开始顺次算到末位数，这种方法称为空盘前乘法。

一、一位数空盘前乘法

一位数乘法运算时，可默记乘数，眼看被乘数，把乘数与被乘数从首位起自左向右逐位相乘，然后把相乘的积"递位叠加"到算盘上，即两因数首位数乘的十位拨在第一档上，个位拨在右档上，下次乘积的十位档即在此档，个位再右移一档，依次类推。

积的定位用固定个位档法。

【例4-11】5,316×7 = 37,212

运算步骤如下：

（1）定位：用固定个位档法，M+N=4位+1位＝5位，确定最高位的位置是+5。以算盘右起第二个记位点为小数点，则右起第六档为个位档。

（2）眼看被乘数5,316，默记乘数7，用乘数7去乘被乘数的最高位5，"七五35"，将乘积3拨在+5位上，5拨在3的右一档（见图4-25）。

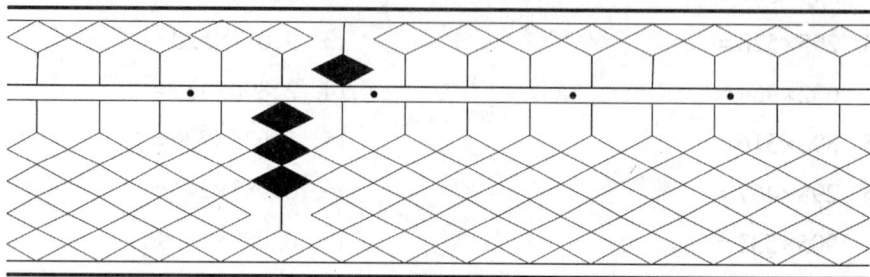

图4-25

（3）乘数7与被乘数第二位3相乘："七三21"，递位叠加，2加到5那一档，1拨到右一档（见图4-26）。

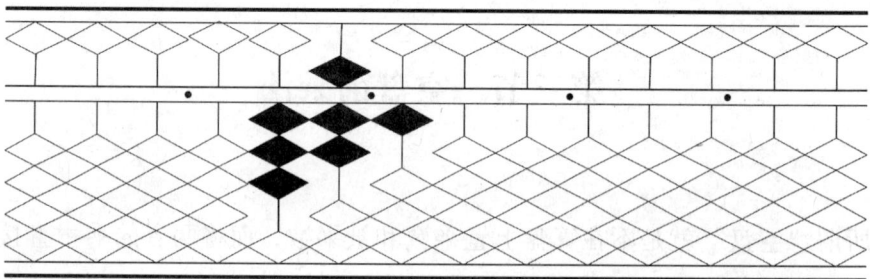

图4-26

（4）乘数7与被乘数第三位1相乘："七一07"，递位叠加，0应占1那一档，7拨到右一档（见图4-27）。

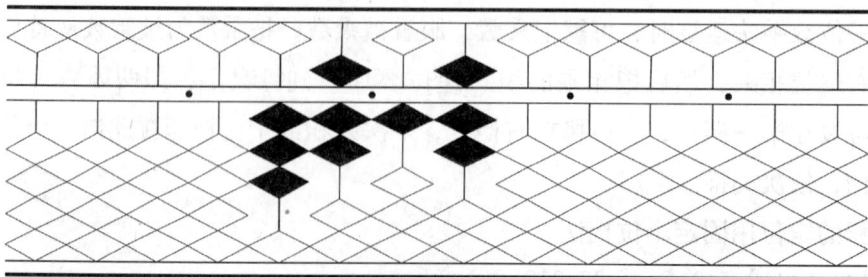

图4-27

（5）乘数7与被乘数第四位6相乘："七六42"，递位叠加，4加到7那一档，2拨到右一档（见图4-28）。

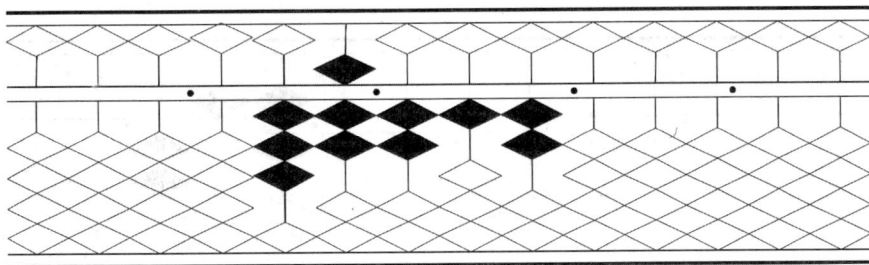

图4-28

【例4-12】1.63×0.4＝0.652

运算步骤如下：

（1）定位：用固定个位档法，M+N＝1位+0位＝+1位，确定最高位的位置是+1位。

（2）眼看被乘数1.63，默记乘数4，用乘数4去乘被乘数的最高位1，"四一04"，将乘积0占+1位，4拨在右一档（见图4-29）。

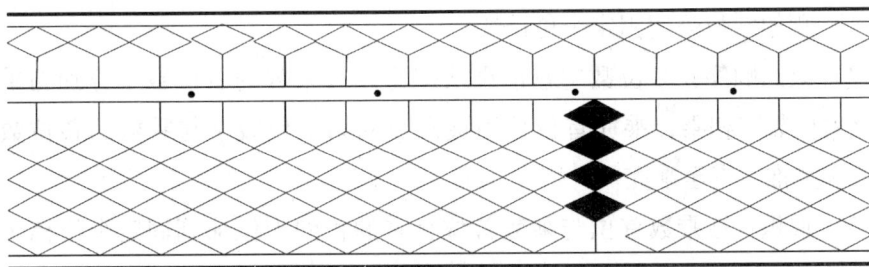

图4-29

（3）乘数4与被乘数第二位6相乘："四六24"，递位叠加，最高位应是+1位，因此2加到4那一档，4拨到右一档（见图4-30）。

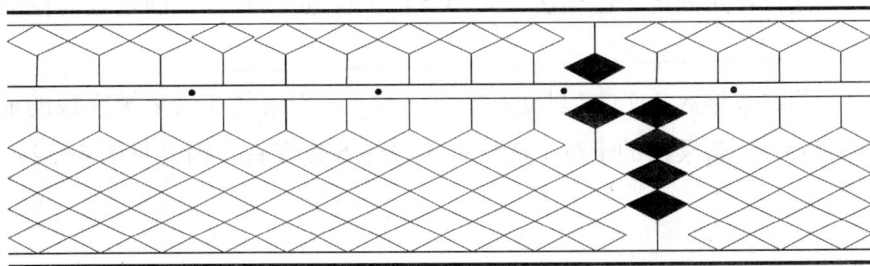

图4-30

（4）乘数 4 与被乘数第三位 3 相乘："四三 12"，递位叠加，1 加到 4 那一档，2 拨到右一档（见图 4-31）。

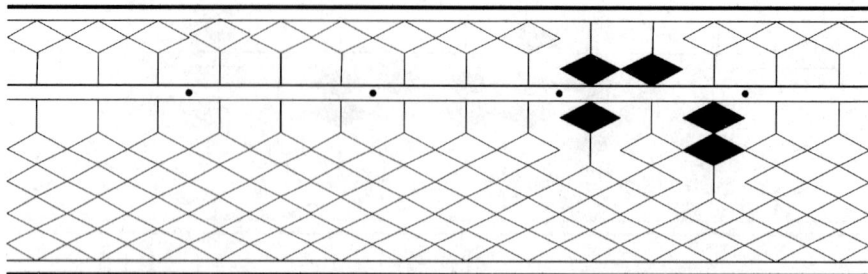

图 4-31

二、多位数空盘前乘法

多位数乘法是指乘数和被乘数都是两位或两位以上数字相乘。

其运算步骤如下：

（1）积的定位采用固定个位档法。

（2）乘的顺序：多位数空盘前乘法就是用被乘数的首位数字分别与乘数的首位至末位数字相乘，乘完首位再用被乘数的第二位数字与乘数的各位数字相乘，依次类推，直至乘完。

（3）加积：被乘数首位与乘数首位相乘的积的十位加到固定个位档定位的最高位上，个位拨在右一档，以后每一位乘数的积的十位数逐位向右移，直至乘完。

【例 4-13】 $3,752 \times 56 = 210,112$

运算步骤如下：

（1）定位：用固定个位档法，M+N=4 位+2 位=+6 位，确定最高位的位置是+6 位。

（2）眼看被乘数 3,752，默记乘数第一位 5，用乘数 5 去乘被乘数的最高位 3，"五三 15"，将乘积的十位 1 拨在+6 位上，5 拨在右一档（见图 4-32）。

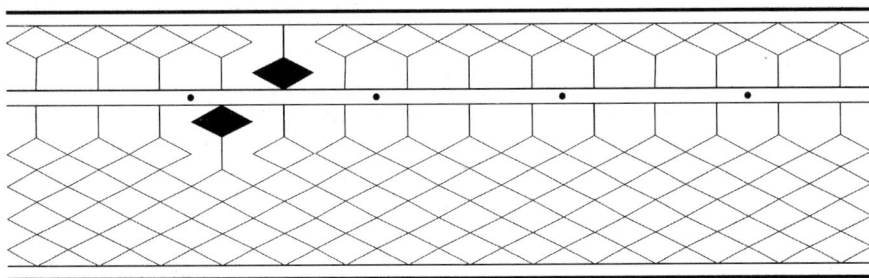

图 4-32

（3）用乘数 5 乘以被乘数后 3 位 752，"五七 35"、"五五 25"、"五二 10"，从前积的个位档起错位相加 35、25、10（见图 4-33）。

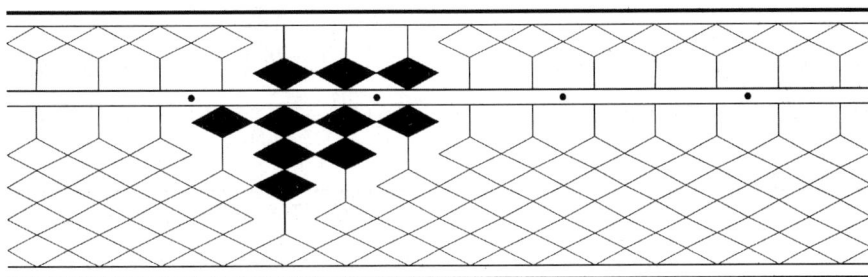

图 4-33

（4）眼看被乘数 3,752，默记乘数第二位 6，用乘数 6 去乘被乘数的最高位 3，"六三 18"，将乘积的十位 1 加在 +5 位上，8 拨在右一档（见图 4-34）。

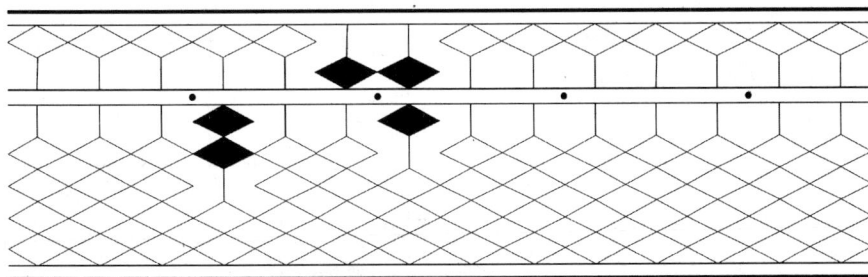

图 4-34

（5）用乘数 6 乘以被乘数后 3 位 752，"六七 42"、"六五 30"、"六二 12"，从前积的个位档起错位相加 42、30、12（见图 4-35）。

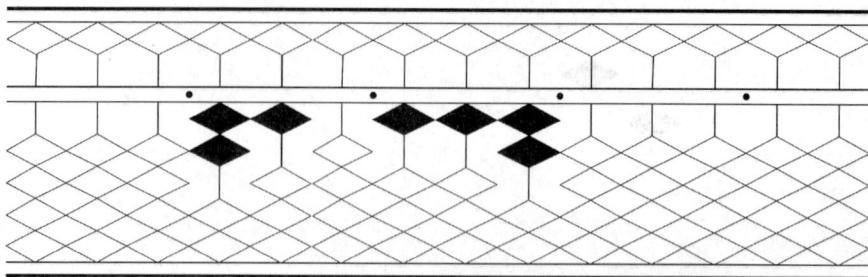

图 4-35

【例 4-14】25,400×0.0136＝345.44

运算步骤如下：

（1）定位：用固定个位档法，M+N＝5 位+（-1）位＝+4 位，确定最高位的位置是+4 位。

（2）眼看被乘数 254，默记乘数第一位 1，用乘数 1 去乘被乘数的最高位 2，"二一 02"，将乘积的十位 0 应占+4 位，2 拨在右一档（即+3 位）（见图 4-36）。

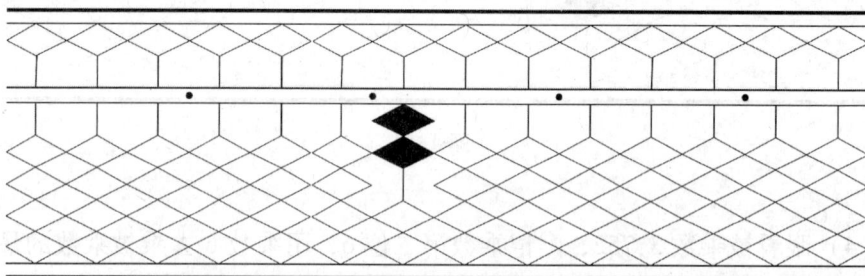

图 4-36

（3）用乘数 1 乘以被乘数后两位 54，"一五 05"、"一四 04"，从前积的个位档起错位相加 05、04（见图 4-37）。

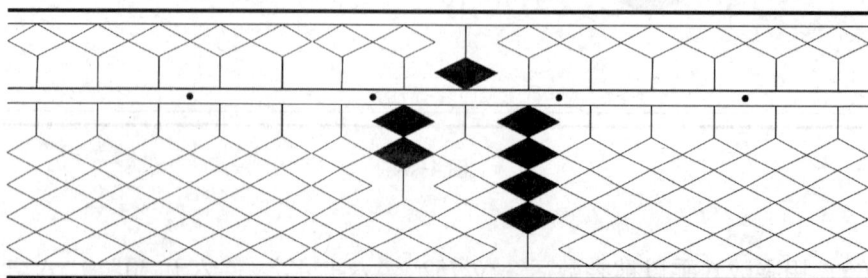

图 4-37

（4）眼看被乘数 254，默记乘数第二位 3，用乘数 3 去乘被乘数的最高位 2，"三二 06"，乘积的十位 0 应占 +3 位，6 拨在右一档（见图 4-38）。

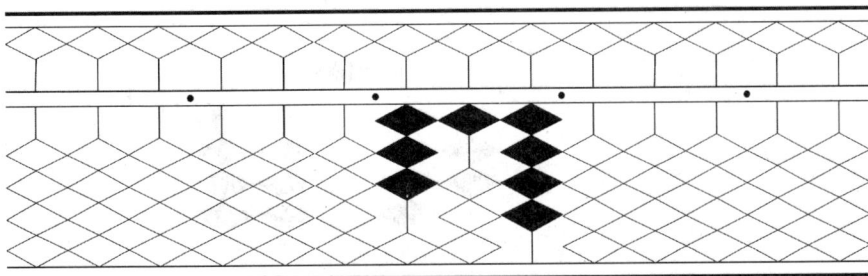

图 4-38

（5）用乘数 3 乘以被乘数后两位 54，"三五 15"、"三四 12"，从前积的个位档起错位相加 15、12（见图 4-39）。

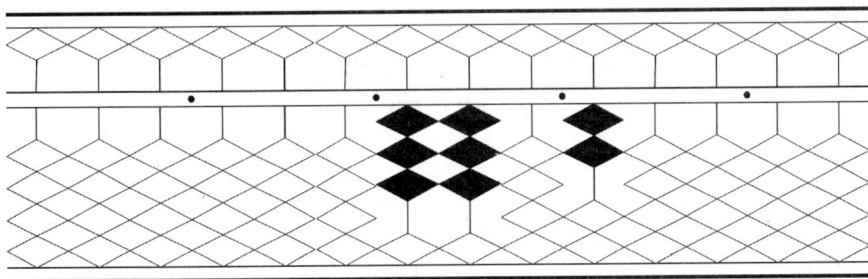

图 4-39

（6）眼看被乘数 254，默记乘数第三位 6，用乘数 6 去乘被乘数的最高位 2，"六二 12"，将乘积的十位 1 拨在 +2 位上，2 拨在右一档（见图 4-40）。

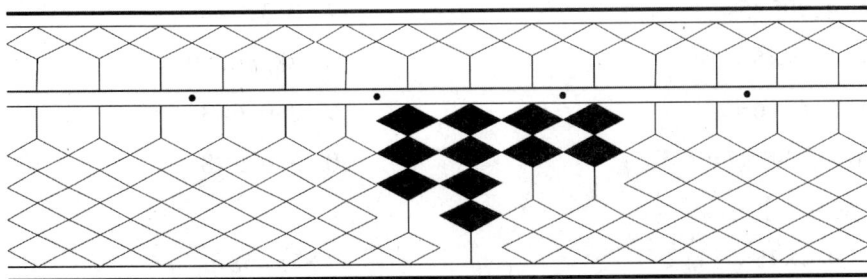

图 4-40

（7）用乘数6乘以被乘数后两位54，"六五30"、"六四24"，从前积的个位档起错位相加30、24（见图4-41）。

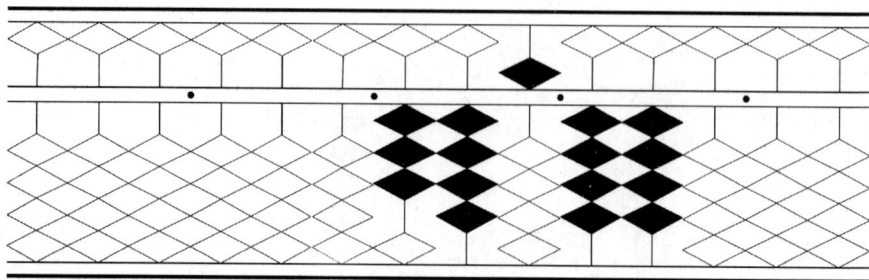

图 4-41

遇到多位数带"0"较多的算题时，易出现差错，因为珠算中"0"占一档，不拨珠，开始练习时，遇到被乘数中间带一个"0"的，右手向右移一档；遇到两个"0"的，右手向右移两档，以此类推，运算时要做到"指不离档"，这样就能避免差错。

练 习

【练习六】

1. 84×3 =

2. 745×6 =

3. 395×5 =

4. 637×9 =

5. 1,690×3 =

6. 3,295×4 =

7. 4,905×5 =

8. 6.29×5 =

9. 5.42×6 =

10. 0.397×7 =

11. 0.0286×0.3 =

12. 0.605×0.6 =

13. 0.801×0.02 =

14. 3.89×0.006 =

15. 0.978×2 =

16. 7.985×4 =

17. 0.392×8 =

18. 78.5×0.07 =

19. 2,916×3 =

20. 3,075×8 =

【练习七】

1. 924×35 =

2. 845×67 =

3. 875×58 =

4. 532×94 =

5. $690×36=$

6. $398×47=$

7. $805×52=$

8. $657×43=$

9. $932×86=$

10. $362×69=$

11. $4,564×37=$

12. $3,605×56=$

【练习八】

1. $454×351=$

2. $845×607=$

3. $275×528=$

4. $932×964=$

5. $590×316=$

6. $268×467=$

7. $985×532=$

8. $427×413=$

9. $632×856=$

10. $892×279=$

13. $6,017×29=$

14. $2,596×65=$

15. $3,678×26=$

16. $6.985×41=$

17. $0.352×82=$

18. $79.52×0.075=$

19. $2,716×0.23=$

20. $3,085×0.68=$

11. $2,064×137=$

12. $7,205×456=$

13. $9,037×539=$

14. $4,896×465=$

15. $7,678×726=$

16. $4.985×241=$

17. $0.0695×3.96=$

18. $35.869×2.78=$

19. $37.035×1.02=$

20. $13.82×3.65=$

第五章　珠算除法

学习指导

　　本章主要学习除法的基本方法，要求掌握：

　　1. 商的定位方法。

　　2. 商除法的运算。

　　3. 补商与退商的方法。

第一节　珠算除法定位

　　在珠算除法运算特别是在小数除法运算中，珠算和笔算一样，当计算完毕后，商的数值仍不能确定，必须进行定位，商的数值才能确定。商的定位方法有多种，并各有特点，本节仅介绍公式定位法和固定个位档定位法。

一、公式定位法

　　公式定位法也叫"通用定位法"。它是以被除数的位数与除数的位数为标准来确定商的位数的定位方法。

　　确定商的整数位数公式为：

$$P_1 = M - N \tag{5-1}$$

$$P_2 = M - N + 1 \tag{5-2}$$

其中，P 代表商数的位数，M 代表被除数的位数，N 代表除数的位数。

（1）当被除数首位小于除数的首位（即不够除）时，选用公式（5-1）。

【例 5-1】$5,707.75 \div 85 = 67.15$

除完，算盘上显示的数为 6715。

∵　5<8，选用公式（5-1）

∴　$P_1 = M - N = 4$ 位 $- 2$ 位 $= 2$ 位

商是正二位数：67.15。

【例 5-2】$22,272 \div 768 = 29$

除完，算盘上显示数为 29。

∵　2<7，选用公式（5-1）

∴　$P_1 = M - N = 5$ 位 $- 3$ 位 $= 2$ 位

商是正二位数：29。

（2）当被除数首位大于除数的首位（即够除）时，选用公式（5-2）。

【例 5-3】$41.6 \div 260 = 0.16$

除完，算盘上显示数为 16。

∵　4>2，选用公式（5-2）

∴　$P_2 = M - N + 1 = 2$ 位 $- 3$ 位 $+ 1$ 位 $= 0$ 位

商是零位数：0.16。

【例 5-4】$0.865 \div 25 = 0.0346$

除完，算盘上显示数为 346。

∵　8>2，选用公式（5-2）

∴　$P_2 = M - N + 1 = 0$ 位 $- 2$ 位 $+ 1$ 位 $= -1$ 位

商是负一位数：0.0346。

当被除数首位与除数首位相等时，比较次位数字，若次位又相等，比较第三位数字，直到最后一位为止。

【例 5-5】$28.28 \div 2.8 = 10.1$

除完，算盘上显示数为 101。

∵　282>280，选用公式（5-2）

∴　$P_2 = M - N + 1 = 2$ 位 $- 1$ 位 $+ 1$ 位 $= 2$ 位

商是正二位数：10.1。

【例 5-6】$405,448 \div 472 = 859$

除完，算盘上显示数为 859。

∵ 40<47，选用公式（5-1）

∴ $P_1 = M-N = 6$ 位 -3 位 $= 3$ 位

商是正三位数859。

综上所述，公式定位法可概括为：被除齐位比，被小除大位相减，被大除小（或被除相等）位相减再加1。

二、固定个位档定位法

固定个位档定位法也称盘上定位法。就是计算前，在盘上定好个位档，然后将被除数布于盘中的适当档上，计算后商的个位数正好落在个位档上，这种定位方法称为固定个位档定位法。

具体步骤：

（1）确定个位档。在算盘上选一档作为商的个位档，一般以算盘右起第三个记位点的左一档为个位档。

（2）被除数拨上盘。设定位档为P。被除数位数为M，除数的位数为N。则：

隔位商除法 $P = M-N-1$；

不隔位商除法 $P = M-N$。

将被除数首位从P档顺次布入算盘。

（3）运算完毕，盘面结果即为所求商数。

【例5-7】$6,445.2 \div 8.2 = 786$

隔位商除法，被除数的首位数6，应拨在 $P = M-N-1 = 4-1-1 = 2$（档），即从算盘的正二档布入被除数（见图5-1）。

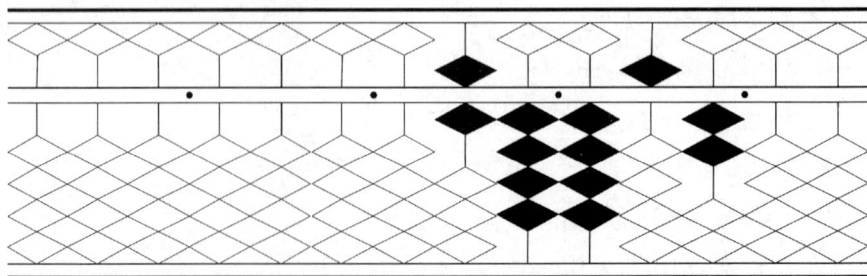

图 5-1

不隔位商除法，被除数首位数 6，应拨在 P＝M－N＝4－1＝3（档），即从算盘的正三档布入被除数（见图 5-2）。

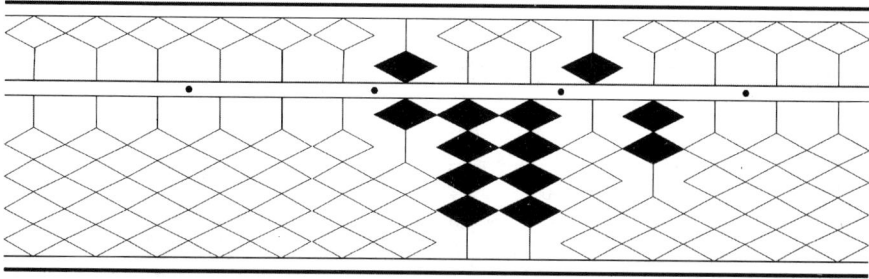

图 5-2

【例 5-8】28.6÷400＝0.0715

隔位商除法，被除数的首位数字 2，应拨在 P＝M－N－1＝2－3－1＝－2（档），即从算盘的负二档布入被除数（见图 5-3）。

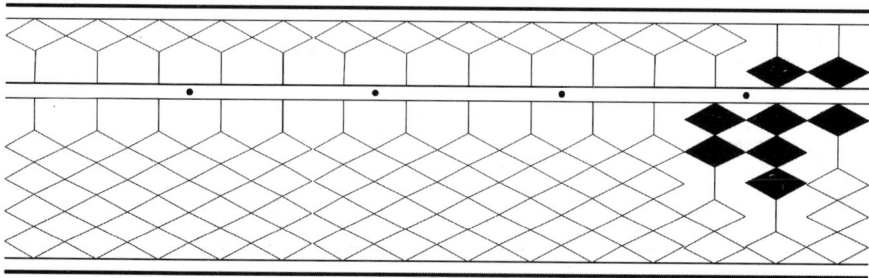

图 5-3

不隔位商除法，被除数的首位数字 2，应拨在 P＝M－N＝2－3＝－1（档），即从算盘的负一档布入被除数（见图 5-4）。

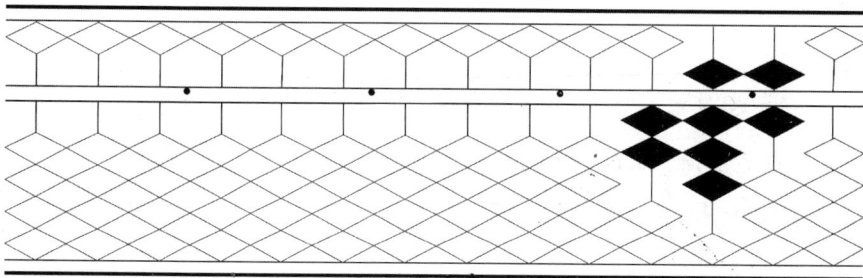

图 5-4

【例 5-9】0.0684÷0.005＝13.68

采用隔位商除法，被除数首位数字 6，应拨在 P＝M-N-1＝（-1）-（-2）-1＝0（档），即从算盘的零档布入被除数（见图 5-5）。

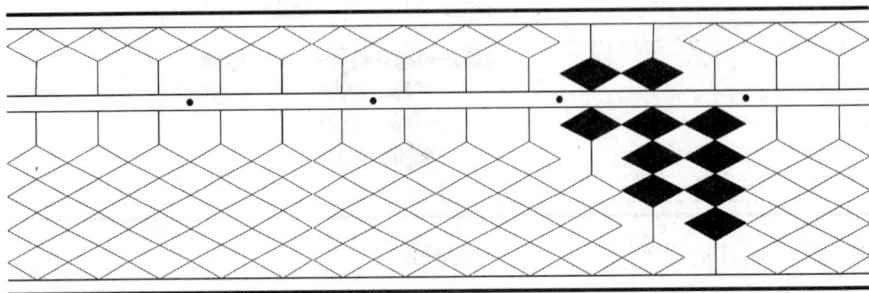

图 5-5

采用不隔位商除法，被除数首位数 6，应拨在 P＝M-N＝（-1）-（-2）＝1（档），即从算盘的正一档布入被除数（见图 5-6）。

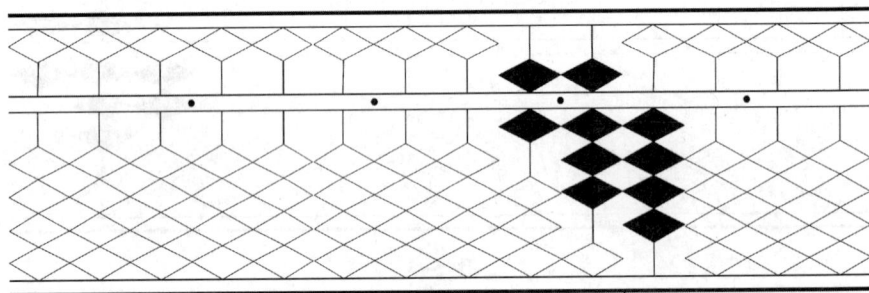

图 5-6

练 习

【练习一】用算前固定个位档定位法，确定下列各题（用隔位商除法或不隔位商除法）的定位档

1. 26.69444÷43.6   （   档）

2. 8.59712÷6.24   （   档）

3. 190.1301÷247   （   档）

4. 20.56926÷5.38　　　　　（　　　档）

5. 1,783.333÷653　　　　　（　　　档）

6. 51.27814÷16.2　　　　　（　　　档）

7. 1.2035764÷0.0274　　　　（　　　档）

8. 3,429.7702÷38.6　　　　　（　　　档）

9. 7,854.77949÷98.23　　　　（　　　档）

10. 18,437.6658÷68.6　　　　（　　　档）

第二节　隔位商除法

商除法与笔算除法基本相同，都是经过估商、减积两个主要环节求得商数。它的优点是，不需要用繁杂的归除口诀，易学易懂，计算速度比较快，是目前普遍采用的一种方法。

商除法分为隔位商除法和不隔位商除法两种。隔位商除法比较好学，便于掌握。现将隔位商除法的运算规则和方法分述如下。

一、一位数隔位商除法

一位数隔位商除法的运算程序和方法是：

（1）定位与置数。用算前固定个位档定位法，首先确定商数的个位档，然后按 $P=M-N-1$ 确定定位档，拨置被除数入盘。若用算后公式定位法，不够除时用公式 $M-N$ 定位，够除时用公式 $M-N+1$ 定位。

（2）估商的方法。够除看一位，不够除看两位。

（3）确定商的位置。够除隔位立商，不够除挨位立商。

（4）减积档次。从被除数中减商与除数的乘积，乘积的十位数在商的右一档减去，个位数在商的右二档减去。积的十位数为"0"时，要用右手食指空点一下，空过右移一档减积的个位数，以免减错档位。

（5）运算完毕，抄写答案。

【例 5-10】1,860÷2＝930

算前定位与置数：首先确定商数的个位档，定位档 $P=M-N-1=4-1-1=2$

（档），从算盘的正二档拨置 1,860 入盘，默记除数 2（见图 5-7）。

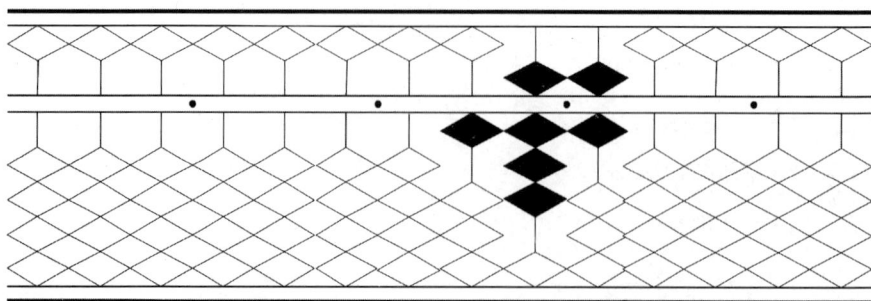

图 5-7

运算顺序：从 1,860 的首位起，用 2 逐位除被除数，直到除尽或至所要求的精确度位数为止。

（1）估商：18 与 2 比较，估商 9。

（2）立商与减积：因为 1<2，所以挨位商 9 乘减"九二 18"，乘积的十位数 1 在商数 9 的右一档减去，个位数 8 在右二档减去，余数 60（见图 5-8）。

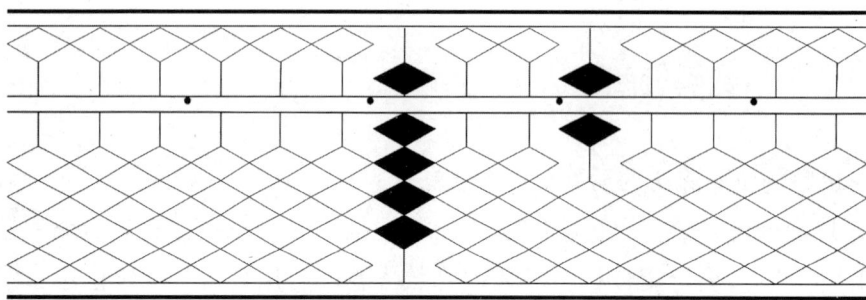

图 5-8

（3）估商：因为余数为 6 估商 3。

（4）立商与减积：因为 6>2，所以隔位商 3，乘减"三二 06"，乘积十位数 0 在商数 9 的右一档减去，个位数 6 在右二档减去，余数为零，除尽（见图 5-9）。

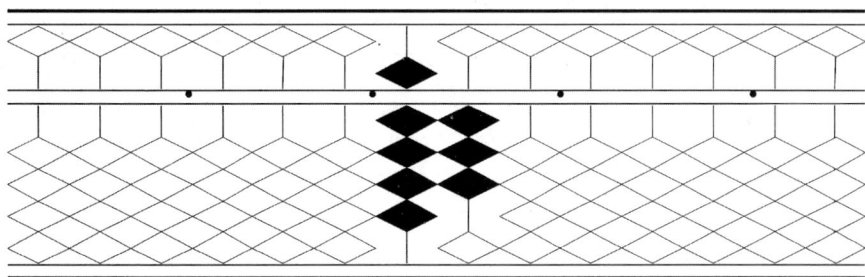

图 5-9

运算完毕，抄写答案为 930。

【例 5-11】309÷3=103

算前定位与置数：首先确定商数的个位档，定位档 P＝M－N－1＝3－1－1＝1（档），从算盘的正一档拨置 309 入盘，默记除数 3（见图 5-10）。

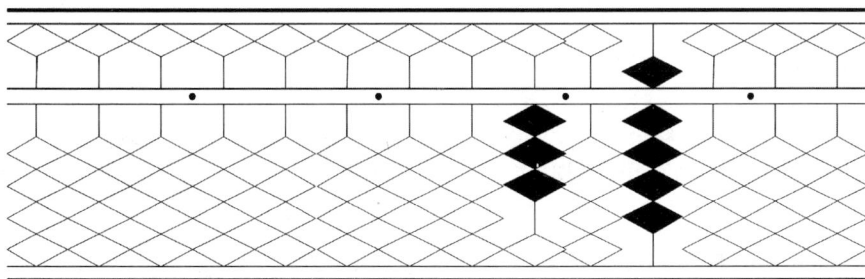

图 5-10

运算顺序：从 309 首位起，用 3 逐位除被除数，直到除尽或至所要求的精确度位数为止。

（1）估商：3 与 3 比较，估商 1。

（2）立商与减积：因为 3＝3，所以隔位商 1，乘减"一三 03"，乘积的十位数 0 在商的右一档减去，个位数 3，在右二档减去，余数 9（见图 5-11）。

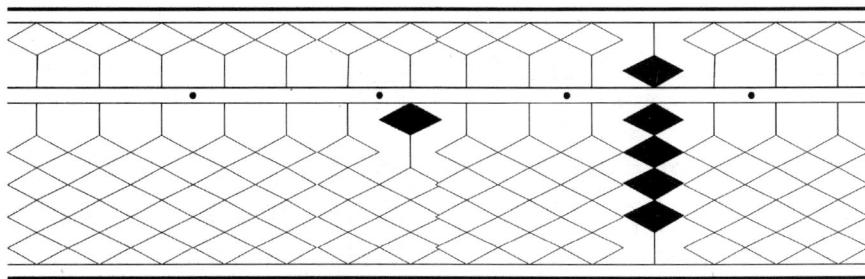

图 5-11

（3）估商：因为余数 9 前空三档，第一位商 1 确定。9 与 3 比较，估商 3。

（4）立商与减积，因为 9>3，所以隔位商 3，乘减"三三 09"，乘积的十位数 0 在商的右一档减去（不拨珠），个位数 9 在右二档减去，余数为零，除尽（见图 5-12）。

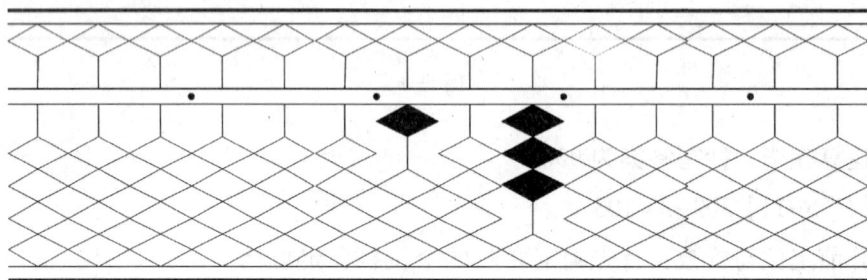

图 5-12

（5）运算完毕，抄写答案 103。

二、多位数隔位商除法

多位数隔位商除法的运算程序和方法如下：

1. 定位与置数

按算前固定个位档定位法，首先确定商数的个位档，按公式 $P=M-N-1$ 确定定位档，拨置被除数入盘。按算后公式定位法，不够除时用公式 $M-N$ 确定商的位数，够除时用公式 $M-N+1$ 确定商的位数。

2. 运算顺序

从被除数的首位起，由高位到低位依次除到末位或所要求的精确度位数为止。

3. 估商的方法

多位数商除法的运算难点在于估商，估商应力求准确，宁小勿大。估商方法有三种：

（1）除首估商法：用除数的首位与被除数的首位或前两位相比较估商。

（2）除首加 1 估商法：当除数第二位是 5 或 5 以上的数字时，用除首估商可能偏大。所以这时应把除数首位数加 1，再与被除数比较估商。

（3）除二位估商法：当除数首位是 1 时，要取除数前两位与被除数的前两位（或前三位）比较估商，否则会出现估商过大的问题。

用哪种方法估商，应视算题的具体情况而定。

4. 立商的位置

够除隔位商，不够除挨位商。

5. 减积档次

商与除数第几位相乘的十位积，就从试商右边的第几档上减去，在其右一档减去积的个位数。减积规律是：上次减积的个位档，就是本次减积的十位档，本次减积的个位档又是下次减积的十位档。应注意始终把手指点在每次积的个位档上，依次递位迭减，若除数中间夹有 0 应向右空点退档。有几个 "0"，手指向右退几档。

6. 运算完毕，盘面数即为商数

遇到除不尽的算题，按要求保留小数位数，再多求一位，按近似值截取法四舍五入。

【例 5-12】864÷0.432＝2,000

算前定位与置数：首先确定出商数的个位档，定位档 P＝M-N-1＝3-0-1＝2（档），从算盘的负一档拨置 864 入盘，默记除数 432（见图 5-13）。

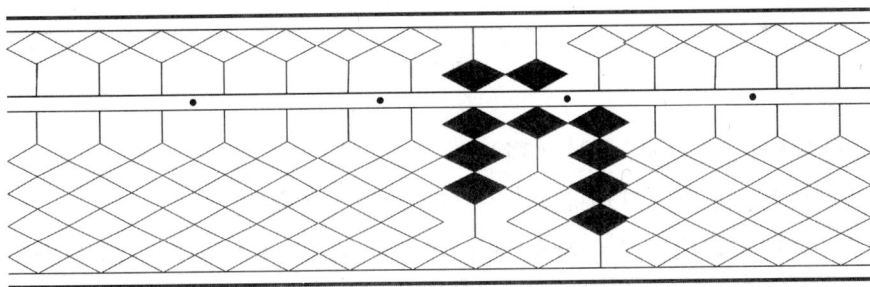

图 5-13

运算顺序：从被除数的首位起，由高位到低位依次除到末位或所要求的精确度位数为止。

（1）估商：采用除首估商法，8 与 4 比较，估商 2。

（2）立商与减积：因为 8>4，所以隔位立商 2，乘减 2×432。"二四 08"、"二三 06"、"二二 04"，乘积十位数 0 在商数 2 的右一档空点，个位数 8 在右二档减去，以下各乘积按减积规律依次递位迭减。余数为零，除尽（见图 5-14）。

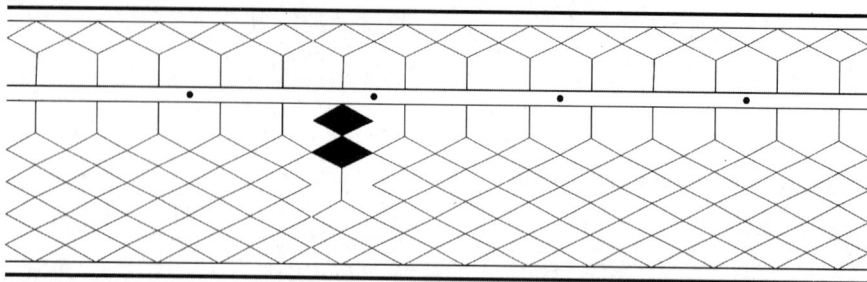

图 5-14

运算完毕，抄写答案 2。

【例 5-13】271.74÷64.7=4.2（精确到 0.01）

算前定位与置数：首先确定出商数的个位档，定位档 P = M-N-1 = 3-2-1 = 0（档），从算盘的零档拨置 271.74 入盘，默记除数 647（见图 5-15）。

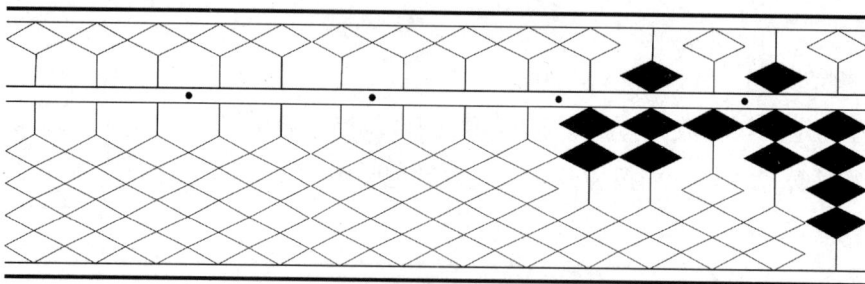

图 5-15

运算顺序：同【例 5-12】（略）。

（1）估商：采用除首估商法，27 与 6 比较，估商 4。

（2）立商与减积：因为 2<6，所以挨位商 4，乘减 4×647，"四六 24"、"四四 16"、"四七 28"，乘积的十位数 2 在商数 4 的右一档减去，以下各乘积按减积规律依次递位迭减，余数 1294（见图 5-16）。

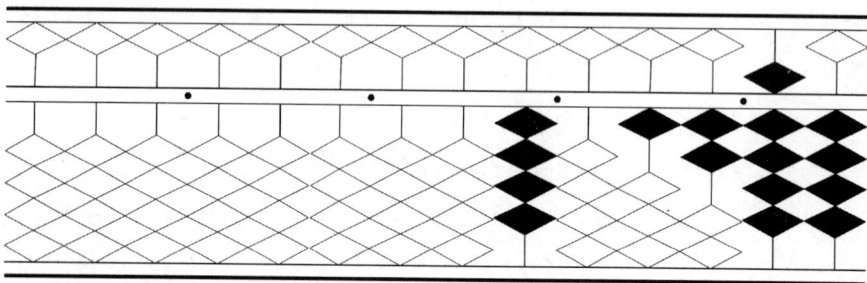

图 5-16

（3）估商：余数 1<6，第一位商 4 确定。12 与 6 比较，估商 2。

（4）立商与减积：因为 1<6，所以挨位商 2，乘减 2×647，"二六 12"、"二四 08"、"二七 14"，乘积的十位数 1 在商数 2 的右一档减去，个位数 2 在右二档减去，以下各乘积按减积规律依次递位迭减，余数 424。

（5）估商：余数 4<6，第二位商 2 确定。42 与 6 比较，估商 6。

（6）立商与减积：因为 4<6，所以挨位商 6，乘减 6×647，"六六 36"、"六四 24"、"六七 42"。乘积的十位数 3 在商数 6 的右一档减去，个位数 6 在右二档减去，律递位迭减，余数 0（见图 5-17）。

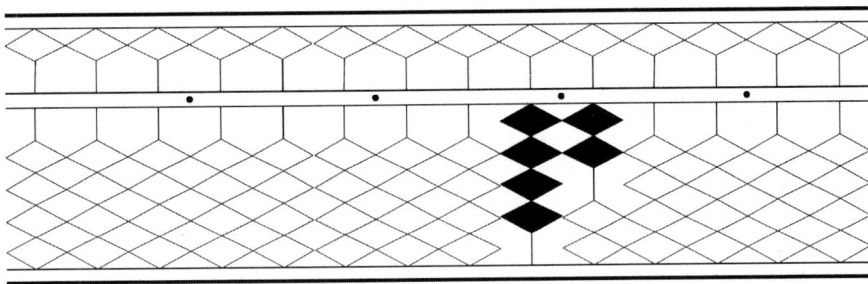

图 5-17

练　习

【练习二】

1. 594÷2 =	11. 3,768÷4 =
2. 136÷4 =	12. 17,150÷7 =
3. 5,648÷2 =	13. 31,850÷5 =
4. 2,340÷5 =	14. 10,152÷2 =
5. 2,852÷4 =	15. 20,622÷7 =
6. 28,181÷5 =	16. 17,775÷3 =
7. 170,874÷6 =	17. 16,760÷8 =
8. 42,804÷4 =	18. 9,365÷5 =
9. 5,691÷7 =	19. 11,264÷4 =
10. 40,984÷8 =	20. 33,714÷6 =

【练习三】(11~20题保留两位小数)

1. 34,776÷72＝

2. 182,369÷281＝

3. 8,512÷532＝

4. 303,468÷418＝

5. 13,764÷148＝

6. 263,314÷418＝

7. 21,918÷39＝

8. 184,415÷479＝

9. 423,852÷836＝

10. 26,565÷385＝

11. 1.4174÷2.04＝

12. 35.1939÷4.21＝

13. 182.96÷64＝

14. 2.9185÷4.21＝

15. 3.55÷0.85＝

16. 5.7112÷6.39＝

17. 66.1809÷7.16＝

18. 12.4331÷1.64＝

19. 5.1099÷5.47＝

20. 20.2556÷7.54＝

第三节　补商与退商

多位数除法由于除数位数多、数大，在心算估商时，估计的试商难免偏小或者偏大，如果出现这种情况可以采用补商或退商的方法，把试商加以调整。

一、补商

在多位数除法运算过程中，有时因估商偏小，乘减后余数仍大于或等于除数，这时不必重新计算，可用补商的方法来调整商数。补商的方法是：在原试商档加1，同时隔位减一遍除数；试商补几，就隔位减几倍除数。

【例5-14】28,569÷321＝89

算前定位与置数：略。

(1) 估商：采用除首估商法，28与3比较，估商8。

(2) 立商与减积：挨位商8，乘减8×321（见图5-18）。

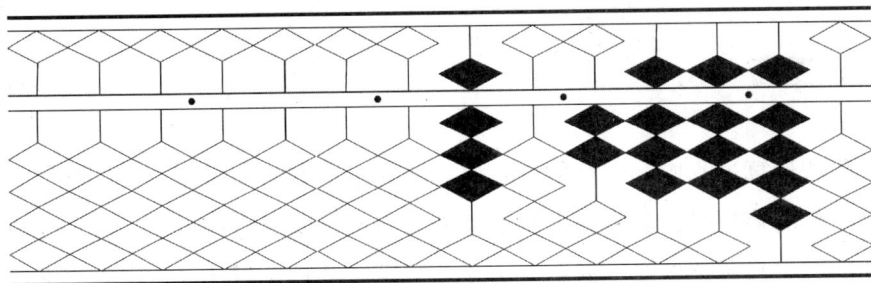

图 5-18

（3）估商：余数 2<3，第一位商 8 确定。28 与 3 比较，估商 8。

（4）立商与减积：挨位商 8，乘减 8×321（见图 5-19）。

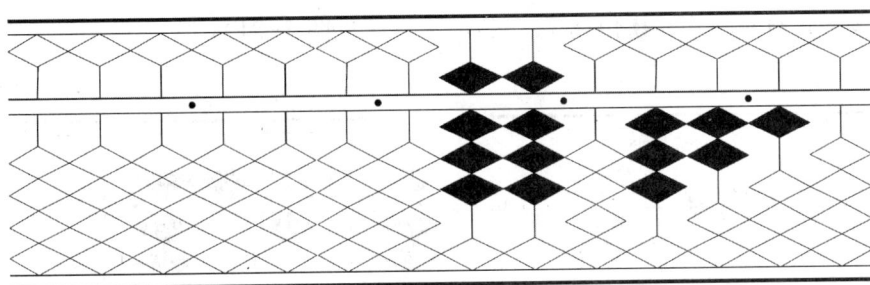

图 5-19

（5）余数 321 等于除数，说明估商偏小，应补商。在原试商档 8 上加 1，调整为 9，隔位减一遍除数，余数为 0，商数为 89（见图 5-20）。

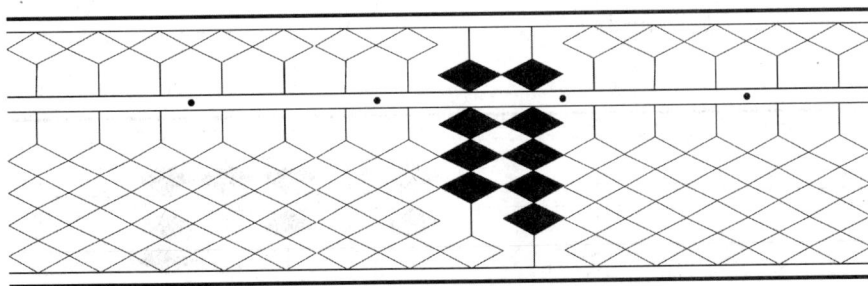

图 5-20

二、退商

商除法运算过程中，心算估商不仅可能偏小，有时还可能偏大，结果，当减试商与除数的乘积时，会遇到中途不够减的情况。这时也可以不必重新计算，而以退商的方法来调整试商。退商方法是：从原试商档上减去1，隔位加上已经乘减过的那几位除数，然后再用调整后的试商去乘尚未乘减的那几位除数，并将其积从被除数的相应档位中减去。

【例 5-15】 3,657÷53=69

算前定位与置数：略。

（1）估商：采用除首估商法，36 与 5 比较，估商 7。

（2）立商与减积：挨位商 7，乘减 7×53（见图 5-21）。

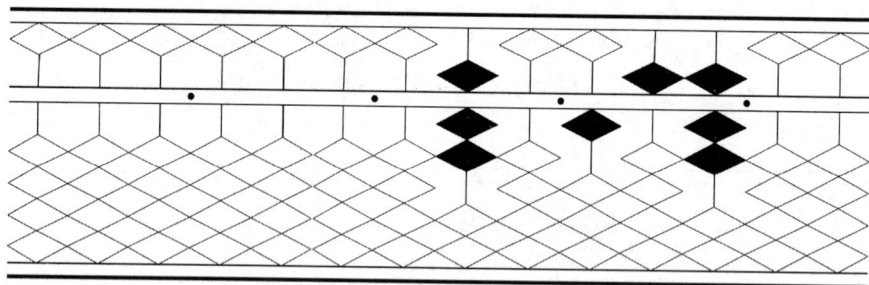

图 5-21

（3）当乘减 7×3 时，发现不够减，从原试商档上减去 1，右隔位档加上已经乘减过的除数 5（见图 5-22）。

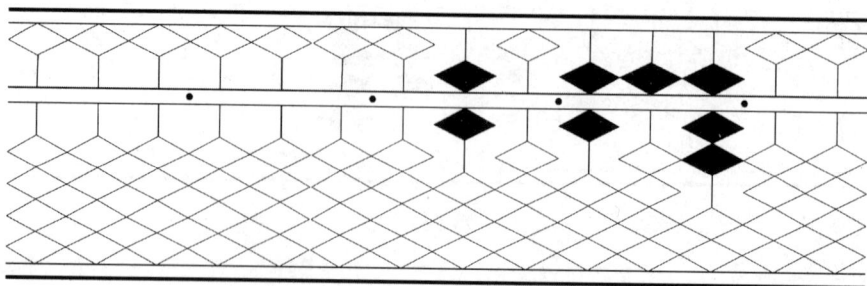

图 5-22

（4）用调整后的新商 6 和未乘减的 3 继续乘减（见图 5-23）。

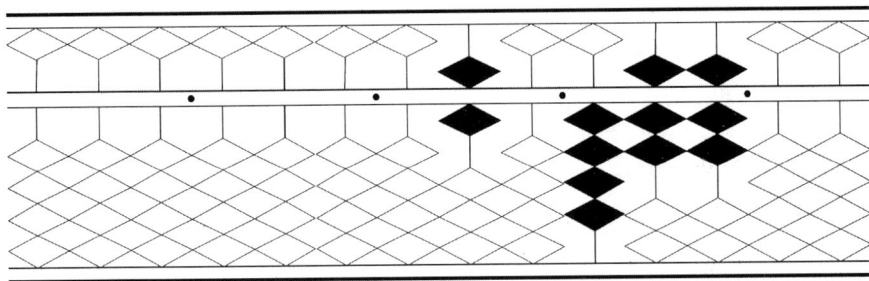

图 5-23

（5）估商：余数 4<5，第一位商确定。将余数 47 与 5 比较，估商 9。

（6）立商与减积：挨位商 9，乘积 9×53，除尽，商数为 69（见图 5-24）。

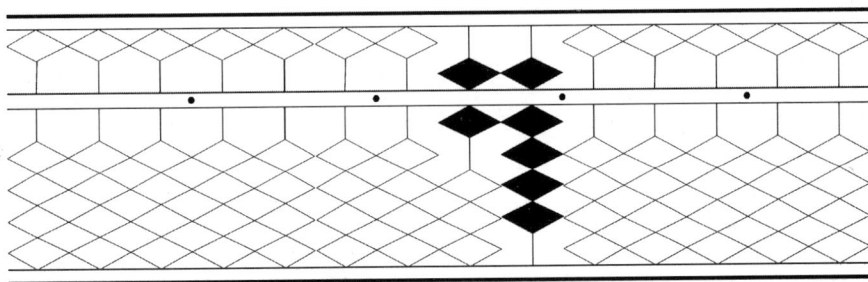

图 5-24

第四节　不隔位商除法

不隔位商除法是指在运算过程中，立商的档位采用将被除数的首位数改为商数或挨位商的方法。不隔位商除法又称改商除法。

不隔位商除法与隔位商除法的区别就在于立商档位相差一档，其运算步骤和方法基本上是一致的。不隔位商除法简化了运算程序，减少了拨珠次数，是一种运算速度快、准确程度高的除法。

一、一位数不隔位商除法

运算步骤和方法如下：

（1）定位与置数。用算前固定个位档定位法，首先确定商数的个位档，按 P＝M-N 确定定位档，拨置被除数入盘。

（2）运算次序。从被除数首位起，由高位到低位一次除到末位或所要求的精确度位数为止。

（3）估商的方法。够除看一位，不够除看两位。

（4）立商的档位。够除挨位商，不够除本档改商。

（5）减积档次。从被除数中减去商与除数的乘积，乘积的十位数从商的本档减去，个位数从商的右一档减去。

（6）运算完毕，抄写答案。

【例 5-16】184÷4＝46

（1）算前定位与置数：确定商数的个位档，按 P＝M-N＝3-1＝2（档），从算盘的正二档拨置 184 入盘，默记除数 4（见图 5-25）。

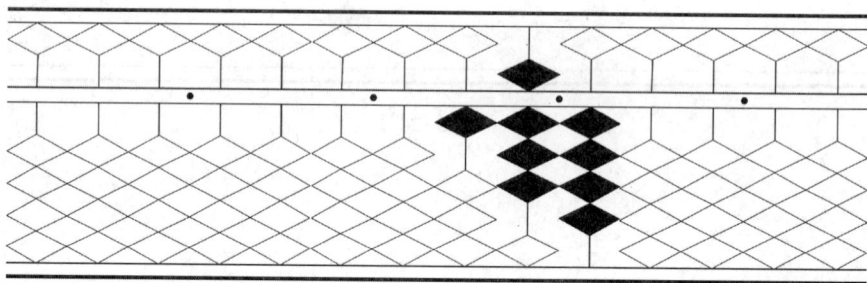

图 5-25

（2）估商：18 与 4 比较，估商 4。

（3）立商与减积：因为 1<4，所以本档改商 4，乘积 4×4，"四四 16"，被除数 1 改商 4，同时减去了乘积的十位数 1（这个过程不是拨珠是在心里默减），个位数 6 在商的右一档减去（见图 5-26）。

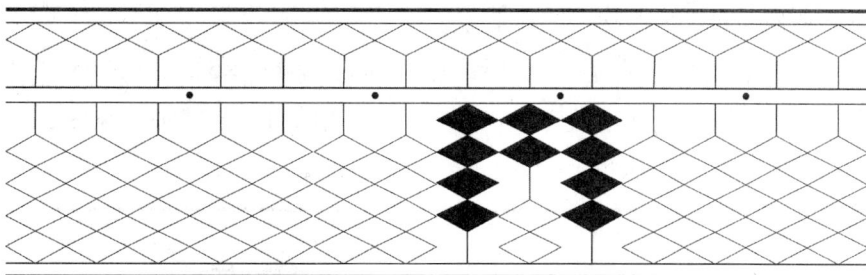

图 5-26

（4）估商：余数 2<4，第一位商 3 确定。余数 24 与 4 比较，估商 6。

（5）立商与减积：因为 2<4，所以本档改商 6，乘减 6×4，"六四 24"，被除数 2 改商 6，同时减去了乘积的十位数 2，个位数 4 在商的右一档减去（见图 5-27）。

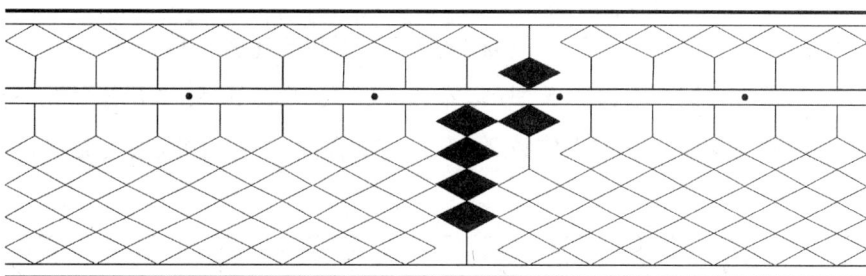

图 5-27

（6）运算完毕，抄写答案 46。

【例 5-17】75.5÷5＝15.1

（1）算前定位与置数：确定商数的个位档，按 P＝M-N＝2-1＝1（档），从算盘的正一档拨置 755 入盘，默记除数 5（见图 5-28）。

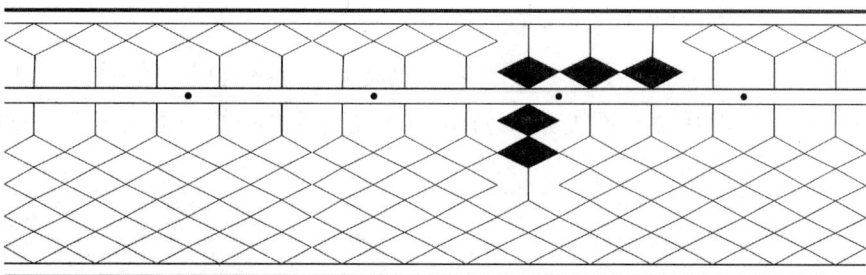

图 5-28

（2）估商：7与5比较，估商1。

（3）立商与减积：因为7>5，所以挨位商1，乘减1×5，"一五05"，乘积的十位数0在商数档减去（不拨珠），个位数5在商的右一档减去（见图5-29）。

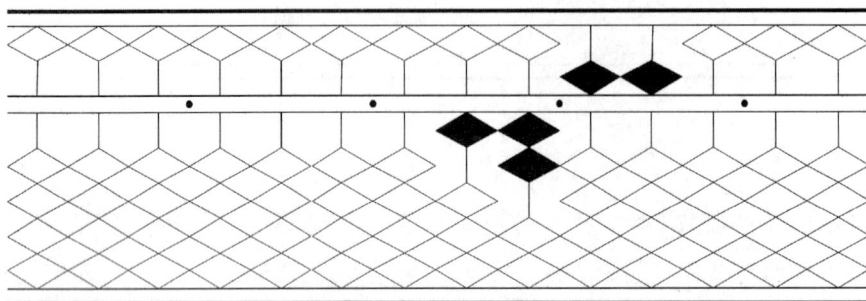

图 5-29

（4）估商：余数2<5，第一位商1确定。25与5比较，估商5。

（5）立商与减积：因为2<5，所以本档改商5，乘减5×5，"五五25"，被除数2改商5，同时默减了乘积的十位数2，个位数5在商的右一档减去（见图5-30）。

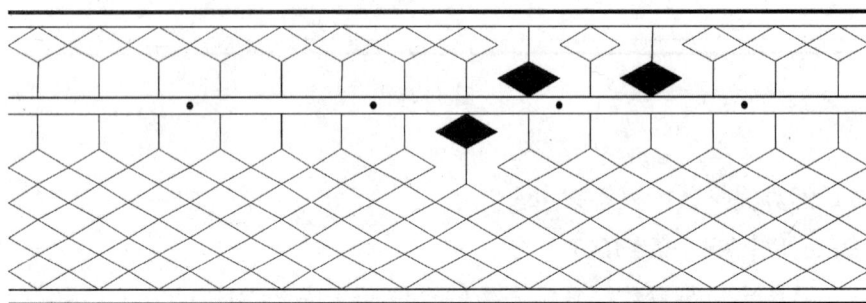

图 5-30

（6）估商：将余数5与5比较，估商1。

（7）立商与减积：因为5=5，所以挨位商1，减1×5，"一五05"，乘积的十位数0在商的本档减去（不拨珠），个位数5在商的右一档减去（见图5-31）。

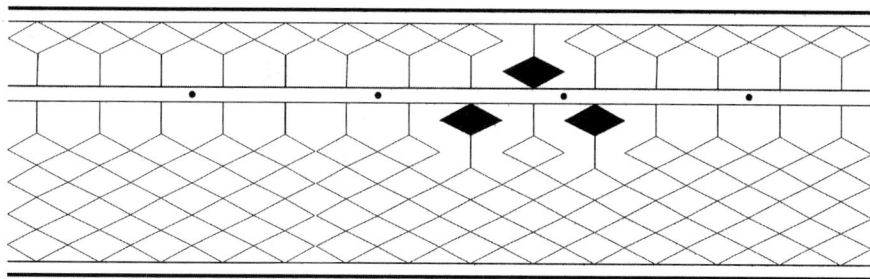

图 5-31

（8）运算完毕，抄写答案 15.1。

二、多位数不隔位商除法

运算步骤和方法如下：

（1）定位与置数。用算前固定个位档定位法，首先确定商数的个位档，按 P=M-N 确定个位档，拨置被除数入盘。

（2）除的顺序。从被除数首位起，由高位到低位依次除到末位或所要求的精确度位数为止。

（3）估商的方法。采用除首估商法，用除首加 1 估商或除首加 2 估商皆可，应视算题具体情况而定。

（4）立商的档位。够除挨位商，不够除本档改商。

（5）减积档次。从被除数中减去商与除数的乘积。乘积的十位数，就从商的本档减去，个位数就从商的右一档减去，以后各积按乘减规律依次递位迭减。

（6）运算完毕，抄写答案。

【例 5-18】5,355÷85=63

（1）定位与置数：首先确定商数的个位档，按 P=M-N=4-2=2（档），从算盘的正二档开始拨置 5,355 入盘，默记除数 85。

（2）估商：53 与 8 比较，估商 6。

（3）立商与减积：因为 5<8 所以本档改商 6，乘减 6×85，"六八 48"、"六五 30"，被除数 5 改商 6，同时默减乘积的十位数 4，个位数 8 在商的右一档减去，依次递位迭减（见图 5-32）。

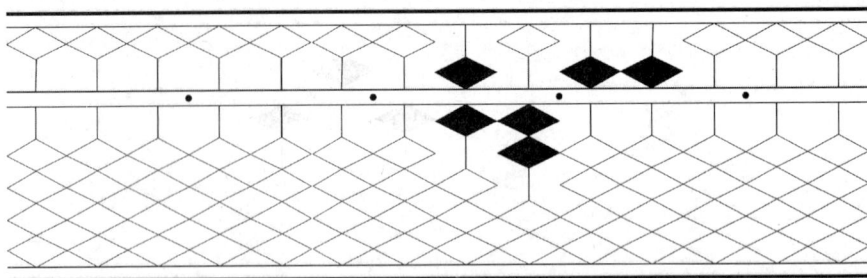

图 5-32

（4）估商：余数 2<8，第一位商 6 确定。将 25 与 8 比较，估商 3。

（5）立商与减积：因为 2<8 所以本档改商 3，乘减 3×854。"三八 24"、"三五 15"、"三四 12"，被除数 2 改商 3，同时默减乘积的十位数 2，个位数 4 在商的右一档减去，各积依次递位迭减（见图 5-33）。

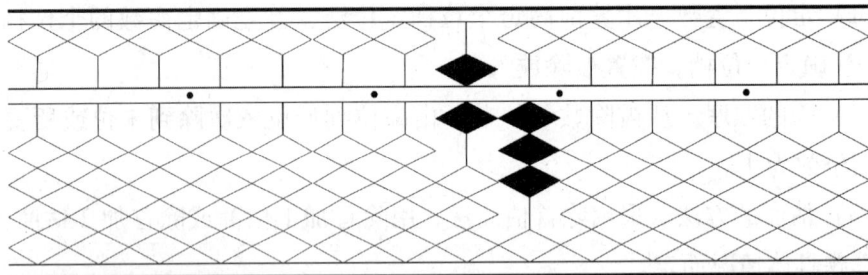

图 5-33

（6）运算完毕，抄写答案 63。

【例 5-19】 17.343÷4.7=3.69

（1）算前定位与置数：P=M-N=2-1=1（档），从算盘的正一档开始拨置 17.343 入盘，默记除数 47。

（2）估商：17 与 5 比较，估商 3。

（3）立商与减积：因为 1<4 所以本档改商 3，乘减 3×47。"三四 12"、"三七 21"，被除数 1 改商 3，同时默减乘积十位数 1，个位数 2 在商的右一档减去，依次递位迭减（见图 5-34）。

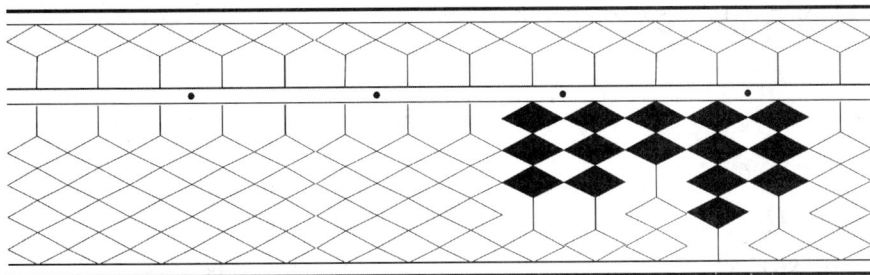

图 5-34

（4）估商：余数 3<4，第一位商 3 确定。将 32 与 4 比较，估商 6。

（5）立商与减积：因为 3<4，所以本档改商 6，乘减 6×47，"六四 24"、"六七 42"，被除数 3 改商 6，同时默减乘积十位数 2，个位数在商的右一档减去，依次递位迭减（见图 5-35）。

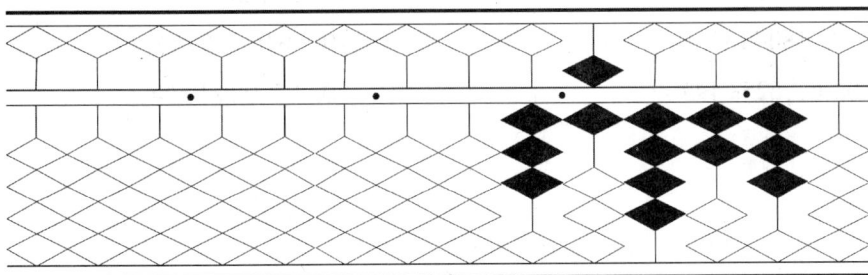

图 5-35

（6）估商：余数 2<47，估商 6 确定。将 42 与 4 比较，估商 9。

（7）立商与减积：因为 42<47，所以本档改商 9，乘减 9×47。"九四 36"、"九七 63"，被乘数 4 改商 9，同时默减乘积的十位数 3，个位数 6，在商的右一档减去，各积依次递位迭减（见图 5-36）。

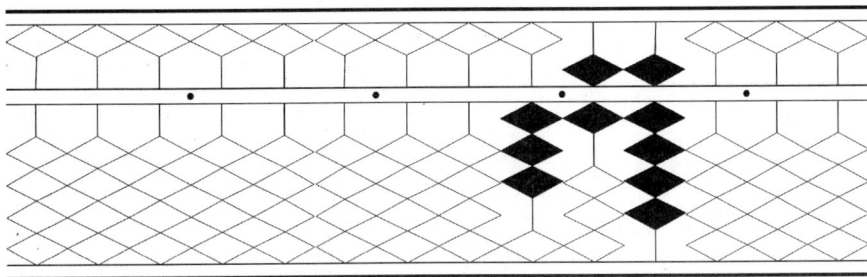

图 5-36

（8）运算完毕，抄写答案3.69。

练 习

【练习四】

1. 19,864÷52＝

2. 21,630÷35＝

3. 11,736÷27＝

4. 64,396÷68＝

5. 6,275÷49＝

6. 31,434÷62＝

7. 34,658÷86＝

8. 55,521÷93＝

9. 9,180÷135＝

10. 61,625÷493＝

11. 142,968÷483＝

12. 4,715÷85＝

13. 383,968÷416＝

14. 27,306÷369＝

15. 12,690÷94＝

16. 24.933 6÷6.98＝

17. 22,275÷275＝

18. 36,252÷53＝

19. 399,196÷742＝

20. 93.02÷107＝

第六章 点钞及人民币相关知识

学习指导

本章主要学习点钞和人民币相关知识，要求掌握：

1. 规范的手持式单指单张和多指多张点钞方法。

2. 手按式点钞方法。

3. 扎钞方法和技巧。

4. 识别假币的基本方法。

第一节 点钞的基本要领

一、点钞基本要领

出纳人员在办理现金的收付与整点时，要做到准、快、好。"准"就是钞券清点不错乱，准确无误。"快"是指在准的前提下，加快点钞速度，提高工作效率。"好"就是清点的钞券要符合要求。"准"是做好现金收付和整点工作的基础和前提，"快"和"好"是加速货币流通、提高服务质量的必要条件。

学习点钞，首先要掌握基本要领。基本要领对于哪种方法都适用。点钞基本要求大致可概括为以下几点：

（一）肌肉要放松

点钞时，两手各部位的肌肉要放松。肌肉放松，能够使双手活动自如，动作协调，并减轻劳动强度。否则，会使手指僵硬，动作不准确，既影响点钞速度又消耗体力。正确的姿势是：肌肉放松，双肘自然放在桌面上，持票的左手手腕接触桌面右手腕稍抬起。

（二）点钞要墩齐

需清点的钞券必须清理整齐、平直。这是点准钞券的前提，钞券不齐不易点准。对折角、弯折、揉搓过的钞券要将其弄直、抹平，明显破裂、质软的钞券要挑出来。清理好后，将钞券在桌面上墩齐。

（三）开扇要均匀

钞券清点前，都要将票面打开成扇形，使钞券有一个坡度，便于捻动。开扇均匀是指每张钞券的间隔距离必须一致，使之在捻钞过程中不易夹张。因此，扇面开得是否均匀，决定着点钞是否准确。

（四）手指触面要小

手工点钞时，捻钞的手指与钞券的接触面要小。如果手指接触面大，手指往返动作的幅度会随之增大，从而使手指频率减慢，影响点钞速度。

（五）动作要连贯

点钞时各个动作之间相互连贯是加快点钞速度的必要条件之一。动作要连贯包括两方面的要求：① 点钞过程的各个环节必须紧张协调，环环紧扣。例如点完 100 张墩齐钞券后，左手持票，右手取腰条纸，同时左手的钞券跟上去，迅速扎好把；在右手放票的同时，左手取另一把钞券准备清点，而右手顺手沾水清点等。这样使扎把和持票及清点各环节紧密地衔接起来。② 清点时的各个动作要连贯，即第一组动作和第二组动作之间要尽量缩短和不留空隙时间，例如用手持式四指拨动点钞法清点，当第一组的食指捻下第四张钞券时，第二组动作的小指要迅速跟上，不留空隙。这就要求在清点时双手动作要协调，清点动作要均匀，切忌忽快忽慢、忽多忽少。另外，在清点时要尽量减少不必要的小动作、假动作，以免影响动作的连贯性和点钞速度。

（六）点数要协调

点和数是点钞过程的两个重要方面，这两个方面要互相配合，协调一致。点的速度快记数跟不上，或点的速度慢，记数过快，都会造成点钞不准确，甚至造成差错。所以点和数二者必须一致，这是点准的前提条件之一。为了使两者紧密结合，记数通常采用分组法。单指单张以十为一组记数，多指多张以清点的张数为一组记数，使点和数的速度能基本吻合。同时记数通常默数。

二、点钞的基本环节

点钞是一个从拆把开始到扎把为止这样一个连续、完整的过程。它一般包括拆把持钞、清点、记数、墩齐、扎把、盖章等环节。要加快点钞速度，提高点钞水平，必须把各个环节的工作做好。

（一）拆把持钞

成把清点时，首先需将腰条纸拆下。拆把时可将腰条纸脱去，保持其原状，也可将腰条纸用手指勾断。通常初点时采用脱去腰条纸的方法，以便复点时发现差错进行查找，复点时一般将腰条纸勾断。持钞的速度的快慢、姿势是否正确，也会影响点钞速度。要注意每一种点钞方法的持钞方法。

（二）清点

清点是点钞的关键环节。清点的速度、清点的准确性，直接关系到点钞的准确与速度。因此，要勤学苦练清点基本功，做到清点既快又准。在清点的过程中，还需将损残破券按规定标准挑出，以保持流通中票面的整洁。在点钞过程中如发现张数差错，应将差错情况记录在原腰条纸上，并把原腰条纸放在钞券上面一起扎把，不得将其扔掉，以便事后查明原因，另做处理。

（三）记数

记数也是点钞的基本环节，与清点相辅相成。在清点准确的基础上，必须做到记数准确。

（四）墩齐

钞券清点完毕扎把前，先要将钞券墩齐，以便扎把保持钞券外观整齐美观。钞券墩齐要求四条边水平，不露头或不呈梯形错开，卷角应拉平，并将其捏成瓦形在桌面上墩齐。

（五）扎把

每把钞券清点完毕后，要扎好腰条纸。腰条纸要求扎在钞券的 1/2 处，左右偏差不得超过 2 厘米。同时要求扎紧，以提起任意一张钞券不被抽出为准。

（六）盖章

盖章是点钞过程的最后一环，在腰条纸上盖点钞员名章，表示对此把钞券的质量、数量负责，所以每个出纳员点钞后均要盖章，而且图章要盖得清晰，以看得清姓名为准。

第二节　手持式点钞法

手持式点钞法是将钞券拿在手上进行清点的点钞方法。手持式点钞方法一般有手持式单指单张点钞、手持式多指多张点钞、手持式四指波动点钞和手持式五指拨动点钞等多种方法。

一、手持式单指单张点钞法

手持式单指单张点钞是一种适用面较广的点钞方法。可用于收款、付款和整点各种新旧大小钞券。这种点钞方法的优点是：持票人持票所占的票面较小，视线可及票的 3/4，容易发现假票，挑剔残破币也比较方便。其基本步骤如下：

（一）持钞

左手横执钞票左端，左手拇指在钞票正面左端约 1/4 处，食指与中指在钞票背面与拇指同时捏住钞票，无名指与小指自然弯曲并伸向票前左下方，与中指夹紧钞票，食指伸直，拇指向上移动，按住钞票侧面，将钞票压成瓦形，左手将钞票从桌面上擦过，拇指顺势将钞票向上翻成微开的扇形，同时，右手拇指、食指作点钞准备。

（二）清点

拆把后，左手持钞稍斜，正面朝内，右手捻钞，捻钞从右上角开始。用右手拇指尖向下捻动钞票的右上角，拇指不要抬得太高，动作的幅度也不宜太大，以免影响速度；食指在钞票背面托住少量钞券配合拇指工作，随着钞券的捻出要向前移动，以便及时托住另一部分钞券；无名指将捻下来的钞券往里弹，每捻下一张弹一次，要注意快弹；在清点中，拇指上的水用完可向中指蘸一下便可点完100张。同时，左手拇指也要配合动作，当右手将钞券下捻时，拇指要随即向后移动，并用指尖向外推动钞券，以利捻钞时下钞均匀。在这一环节中，要注意右手拇指捻钞时，主要负责将钞券捻开，下钞主要靠无名指弹拨。

（三）挑残破券

在清点过程中，如发现残破券应按剔旧标准将其挑出。为不影响点钞速度，点钞时不要急于抽出残破券，只要用右手中指、无名指夹住残破券将其折向外边，待点完100张后再抽出残破券补上完整券。

（四）记数

在清点钞券的同时要记数。由于单指单张每次只捻一张钞券，记数也必须一张一张记，直至记到100张。从"1"到"100"的数中，绝大多数是两位数，记数速度往往跟不上捻钞速度，所以必须巧记。通常可采用分组计数法。分组记数法有两种方法：一种是1、2、3、4、5、6、7、8、9、1；1、2、3、4、5、6、7、8、9、2；……1、2、3、4、5、6、7、8、9、10。这样正好100张。这种方法是把100个数编成10个组，每个组都由10个一位数组成，前面9个数都表示张数，最后一个数既表示这一组的第10张，又表示这个组的组序号码即第几组。这样在点数时记数的频率和捻钞的速度能基本吻合。另一种方法是0、2、3、4、5、6、7、8、9、10；1、2、3、4、5、6、7、8、9、10；……9、2、3、4、5、6、7、8、9、10。这种记数方法的原则与前一种相同，不同的是把组的号码放在每组数的前面。这两种记数方法既简捷迅速又省力好记，又利于准确记数。记数时要用默记。做到心、眼、手三者密切配合。

二、手持式四指拨动点钞法

手持式四指拨动点钞也称四指四张点钞法或手持式四指扒点法。它适用于收款、付款和整点工作，是一种适用广泛、比较适合柜面收付款业务的点钞方法。它的优点是速度快、效率高。

（一）持钞

钞券横立，左手持钞。持钞时，手心朝里，手指向下，中指在票前，食指、无名指、小指在后，将钞券夹紧；以中指为轴心五指自然弯曲，中指第二关节顶住钞券，向外用力，小指、无名指、食指、拇指同时向手心方向方向用力，将钞券压成"U"形，"U"口朝里。这里要注意食指和拇指要从右上侧将钞券往里下方压，打开微扇；手腕向里转动 90 度，使钞券的凹面向左，凸面朝外向右；中指和无名指夹住钞券，食指移到钞券外侧面，用指尖管住钞券，以防下滑，大拇指轻轻按住钞券外上侧，既防钞券下滑又要配合右手清点。最后，左手将钞券移至胸前约 20 厘米的位置，右手五指同时蘸水，做好清点准备。

（二）清点

两只手摆放要自然。一般左手持钞略低，右手手腕抬起高于左手。清点时，右手拇指轻轻托住内上角里侧的少量钞券；其余四指自然并拢，弯曲成弓形；食指在上，中指、无名指、小指依次略低，四个指尖呈一条斜线。然后从小指开始，四个指尖依次顺序各捻一张，四指共捻四张。接着以同样的方法清点，循环往复，点完 25 次即点完 100 张。用这种方法清点要注意这样几个方面：一是捻钞券时动作要连续，下张时一次一次连续不断，当食指捻下本次最后一张时，小指要紧紧跟上，每次之间不要间歇。二是捻钞的幅度要小，手指离券面不要过远，四个指头要一起动作，加快往返速度。三是四个指头与票面接触面要小，应用指尖接触券面进行捻动。四是右手拇指随着钞券的不断下捻向前移动，托住钞券，但不能离开钞券。五是在右手捻钞的同时左手要配合动作，每当右手捻下一张钞券，左手拇指就要推动一次，二指同时松开，使捻出的钞券自然落下，再按住未点的钞，往复动作，使下钞顺畅自如。

（三）记数

采用分组记数法。以四个指头顺序捻下四张为一次，每次为一组，25 次即 25 组即为 100 张。

（四）扎把与盖章

扎把与盖章的方法手持式单指单张相同。采用手持式四指拨动法点钞，清点前不必先拆纸条，只要捆扎钞券的腰条纸挪移到钞券 1/4 处就可以开始清点，发现问题可保持原状，便于追查。清点完毕后，初点不用勾断腰条纸，复点完后顺便将腰条纸勾断，重新扎把盖章。

三、手持式五指拨动点钞法

手持式五指拨动点钞法适用于收款、付款和整点工作。它的优点是效率高、记数省力，可减轻劳动强度。这种方法要求五个手指依次动作，动作准度较大。

（一）持钞

钞券横立，用左手持钞。持钞时，左手小指、拇指放在票面前，其余三个手指放在票后，拇指用力把钞券压成瓦形，用右手退下腰条纸。左手将钞券右边向右手拍打一下，并用右手顺势将钞券推起。左手变换各手指位置，即用无名指、小指夹住钞券左下端，中指和食指按在钞券外侧，食指在上，中指在下，拇指轻压在钞券上外侧使钞券成瓦形。

（二）清点

右手五个指头蘸水，从右角将钞券逐张朝里拨动，以拇指开始，依次食指、中指、无名指，直至小指收尾为止。每指拨一张，一次为五张。

（三）记数

采用分组记数，每五张为一组记一个数，记满 20 为即为 100 张。

以上介绍的五指拨动法是单向拨动，即右手始终是从拇指开始依次朝里拨动，直至小指收尾为止。五指拨动法也可里外双向拨动，即先从拇指开始，食指、中指依次朝里方向拨动，到无名指收尾为止，再从小指开始，依次无名指、中指向外方向拨动。直至食指收尾为止。这样来回拨动一次 8 张，点 12 个来回余 1 张即为 100 张。这种点钞方法虽然准度较大，但速度快、效率高。

第三节　手按式点钞法

手按式点钞法可分为手按式单张点钞法、手按式二张点钞法、手按式三张和四张点钞法、手按式四指拨动点钞法、手按式五张扳数点钞法五种。这里仅介绍用得较多的前三种。

一、手按式单张点钞法

这种点钞法适用于收款、付款和整点各种新、旧大小钞券。特别适宜于整点辅币及残破币多的钞券。此法看到的钞券面较大，便于挑剔残破票，但在速度上比手持式单张点钞法慢，劳动强度也大些。

操作时，把钞券横放在桌上，对正点钞员，用左手无名指、小指接住钞券的左上角，用右手拇指托起右下角的部分钞券；用右手食指捻动钞券，每捻起 1 张，左手拇指即往上推动送到食指和中指之间夹住，即完成了一次点钞动作，以后依次连续操作，点数至 100 张。

二、手按式二张点钞法

这种方法的速度比手按式单张点钞法快一些，但挑残破币不方便，所以不适用于整点残破币的钞券。

操作时，把钞票斜放在桌上，左手的小指、无名指压住钞券的左上方约3/4处；右手食指、中指蘸水，沾水后，用拇指托起右下角的部分钞券。右臂倾向左前方，然后用中指向下捻起第一张，随即用食指再捻起第二张，捻起的这两张钞券由左手拇指向上送到食指和中指间夹住。分组记数，两张为一组，数到 50 即为 100 张。

三、手按式三张点钞法

这种点钞法适用于收、付款，这种方法速度较快，但除第一张外，其余各张能看到的票面小，不宜整点残破币较多的钞券。

操作时，可以分为以下三个步骤：

1. 放票

把钞券斜放在桌上，使其右下角稍伸出桌面，坐的椅子要向右斜摆，使身体与桌子成一个三角形，便于右手肘部枕在桌面上，操作起来省力。

2. 清点

以左手小指、无名指、中指接住钞券的左上角，右手肘部枕在桌面上，拇指托起右下角的部分钞券，小指弯曲。三张点钞时以无名指先捻起第一张，随即以中指、食指顺序各捻起一张，捻起的三张钞券用左手拇指向上推送到事食指和中指间夹住。

3. 记数

采用分组记数，三张点钞是每 3 张为一组，记一个数，数到 33 最后剩余 1 张，即为 100 张。

第四节 扎钞方法

点钞完毕后需要对所点钞票进行扎把，通常是 100 张捆扎成一把，分为缠绕式和扭结式两种方法。

一、缠绕式

临柜收款采用此种方法，需使用牛皮纸腰条，其具体操作方法如下：

（1）将点过的钞票 100 张墩齐。

（2）左手从长的方向拦腰握着钞票，使之成为瓦状的幅度影响扎钞的松紧，在捆扎中幅度不能变。

（3）右手握着腰条头将其从钞票的长的方向夹入钞票的中间离一端 1/3 ~

1/4 处，从凹面开始绕钞票两圈。

（4）在翻到钞票厚度转角处将腰条向右折叠 90 度，将腰条头绕捆在钞票的腰条处两圈打结。

（5）整理钞票。

二、扭结式

考核、比赛采用此种方法，需使用棉纸腰条，其具体操作方法介绍如下：

（1）将点过的钞票 100 张墩齐。

（2）左手握钞，使之成为瓦形。

（3）右手将腰条从钞票凸面放置，将两腰条头绕道凹面，左手食指、拇指放别按住腰条与钞票厚度交界处。

（4）右手拇指、食指夹住其中一端腰条头，中指、无名指夹住另一端腰条头，合并在一起，右手顺时针转 180 度，左手逆时针转 180 度，将拇指和食指夹住的那一头从腰条与钞票之间绕过、打结。

第五节　人民币的相关知识

一、人民币知识

中华人民共和国的法定货币是人民币，包括纸币和硬币。1948 年 12 月 1 日中国人民银行成立时，发行第一套人民币；1955 年 3 月 1 日发行第二套人民币；1962 年 4 月 15 日发行第三套人民币；1987 年 4 月 27 日发行第四套人民币；1999 年 10 月 1 日发行第五套人民币，目前第五套人民币有两种版本即 1999 年版和 2005 年版，现在市面上流通的人民币以 2005 年版为主。

二、2005 年版第五套人民币防伪特征

1. 固定人像、花卉水印

2005 年版第五套人民币 100 元、50 元券纸币正面左侧空白处，迎光透视可

以看到与主景人像相同、立体感很强的毛泽东头像水印；20 元、10 元、5 元券的相同位置，分别可以到看荷花、月季和水仙花卉水印。水印是在钞票纸生产过程中，通过技术处理形成的图案、文字，具有透光、清晰、层次分明和立体感强的特点。

2. 胶印缩微文字

2005 年版第五套人民币纸币除 20 元券外，其他券别正面行名下的胶印面额数字图案中，印有 "RMB" 和与该券面额数字相同的缩微文字，如 10 元券缩微文字是 "RMB10" 字样；20 元券缩微文字印在正面头像和盲文标记下。所有券别背面下方均有缩微文字，如 5 元券缩微文字是 "RMB5" 和 "人民币"。

3. 全息磁性开窗安全线

2005 年版第五套人民币纸币 5 元及以上券别使用了全息磁性开窗安全线。其中，100 元、50 元从正面正中偏左的位置观察，有一条黑色线条，从背面正中偏右的位置观察，安全线大部分埋入纸张中间，部分露出纸外，露出部分叫 "开窗"，开窗部分可以看到由人民币符号 "￥" 和与该券面额相同的数字组成的缩微文字符，如 50 元券的缩微字符为 "￥50"，字符采用的是高科技全息图案，所以叫 "全息"，仪器检测有磁性，所以叫全息磁性开窗安全线。20 元、10 元、5 元券安全线的开窗部分在正面，与 100 元券正好相反。

4. 胶印对印图案

2005 年版第五套人民币纸币 10 元及以上券别正背两面都有一个圆形的局部图案，迎光透视，可以看到正背面局部图案合并为一个完整的古钱币图案。所不同的是 100 元、50 元的胶印对印图案位置在正面偏左和背面偏右空白处；20 元、10 元券分别在正面左下角和背面右下角；5 元、1 元券背面右下角也有一个古钱币图案，但不是对印图案。

5. 手工雕刻头像

2005 年版第五套人民币纸币所有券别的正面主景毛泽东头像都采用手工雕刻凹版印刷，用手触摸凹凸感很强，易于识别。

6. 隐形面额数字

2005 年版第五套人民币纸币所有券别的正面右上方有一装饰图案，将票面置于眼睛接近平行的位置，面对光源做上下倾斜晃动，可以看到与该券别面额相同的数字字样，如 20 元券的隐形面额数额字样是 "20"。

7. 光变油墨面额数字

2005 年版第五套人民币纸币 100 元、50 元券正面左下方的面额数字为 "100"、

"50"字样，从票面垂直角度观察100元为绿色，50元为金色，倾斜一定角度，100元变为蓝色，50元变为绿色。

8. 白水印

白水印在人民币纸币上的第一次使用是1999年版第五套人民币的10元券。2005年版第五套人民币5元及以上券别都在钞票正面双色横号码右下方使用了白水印。迎光透视，可以看见透光性很强的与面额相同的水印数字，如100元券的白水印字样是"100"字样。

9. 雕刻凹版印刷

2005年版第五套人民币纸币所有券别的正面主景毛泽东头像、"中国人民银行"行名、国徽、面额数字、手感线纹、盲文面额及背面主景图案、面额数字等均采用雕刻凹版印刷，用手触摸有明显凹凸感。

10. 双色异形横号码

2005年版第五套人民币纸币所有券别正面左下方都使用红黑双色横号码，左侧部分为红色，右侧部分为黑色。所不同的是100元和50元券的横号码还进行了异形处理，字符由中间向左右两边逐渐变小。

11. 凹印手感线

2005年版第五套人民币纸币所有券别的正面主图案右侧，有一组自上而下的线纹，采用雕刻凹版印刷，用手触摸有极强的凹凸感，易于识别。

三、识别假币

识别人民币纸币真伪，通常采用"一看、二摸、三听、四测"的方法：

（一）一看

1. 看水印

第五套人民币各券别纸币的固定水印位于各券别纸币票面正面左侧的空白处，迎光透视，可以看到立体感很强的水印。100元、50元纸币的固定水印为毛泽东头像图案。20元、10元、5元纸币的固定水印为花卉图案。

2. 看安全线

第五套人民币纸币在各券别票面正面中间偏左，均有一条安全线。100元、50元纸币的安全线，迎光透视，分别可以看到缩微文字"RMB100"、"RMB50"，仪器检测均有磁性；20元纸币，迎光透视，是一条明暗相间的安全线，10元、5元纸币安全线为全息磁性开窗式安全线，即安全线局部埋入纸张中，局部裸露在纸面上，开窗部分分别可以看到由缩微字符"￥10"、"￥5"组成的全息图案，仪器检测有磁性。

3. 看光变油墨

第五套人民币100元券和50元券正面左下方的面额数字采用光变油墨印刷。将垂直观察的票面倾斜到一定角度时，100元券的面额数字会由绿变为蓝色；50元券的面额数字则会由金色变为绿色。

4. 看票面图案是否清晰、色彩是否鲜艳、对接图案是否可以对接上

第五套人民币纸币的阴阳互补对印图案应用于100元、50元和10元券中。这三种券别的正面左下方和背面右下方都印有一个圆形局部图案。迎光透视，两幅图案准确对接，组合成一个完整的古钱币图案。

5. 用5倍以上放大镜观察票面，看图案线条、缩微文字是否清晰干净

第五套人民币纸币各券别正面胶印图案中，多处均印有缩微文字，20元纸币背面也有该防伪措施。100元缩微文字为"100"和"RMB100"；50元为"50"和"RMB50"；20元为"RMB20"；10元为"RMB10"；5元为"5"和"RMB5"字样。

（二）二摸

（1）摸人像、盲文点、中国人民银行行名等处是否有凹凸感。
（2）摸纸币是否薄厚适中、挺括度好。

（三）三听

即通过抖动钞票使其发出声响，根据声音来分辨人民币真伪。人民币的纸张，具有挺括、耐折、不易撕裂的特点。手持钞票用力抖动、手指轻弹或两手一张一弛轻轻对称拉动，能听到清脆响亮的声音。

（四）四测

即借助一些简单的工具和专用的仪器来分辨人民币真伪。如借助放大镜可以观察票面线条清晰度、胶、凹印缩微文字等；用紫外灯光照射票面，可以观察钞票纸张和油墨的荧光反映；用磁性检测仪可以检测黑色横号码的磁性。

四、爱护人民币

人民币是我国的法定货币，爱护人民币、保持人民币的整洁、维护人民币的尊严、保障人民币正常的流通秩序，是每个公民的义务。

（1）人民币是我国的法定货币，可用于一切商品买卖和债务支付。中国人民银行是印制发行人民币的唯一法定机构。

（2）携带和使用人民币要悉心爱护，不要乱折乱揉。

（3）不要将人民币与污染和具有腐蚀性的物品放在一起。

（4）暂时不用的人民币最好存到银行，不要随意藏放以免丢失、损坏或遗忘。

（5）残缺污损以致不能流通的人民币应到银行兑换。

（6）我国《刑法》规定：制作、买卖、运输、持有、使用假人民币，视情节分别处以有期徒刑、无期徒刑或死刑。

（7）发现误收的假人民币不要再使用，应上缴当地银行，发现他人使用假币，应予以制止。

（8）发现有人制造、买卖假币，应尽快报告公安部门。

第七章　电子计算工具的应用

学习指导

本章主要介绍电子计算器和小键盘录入的操作方法。要求掌握：

1. 电子计算器功能键及操作方法。

2. 小键盘指法。

3. 熟练地掌握小键盘传票运算技能。

第一节　电子计算器的应用

电子计算器是一种多功能的小型计算机器，具有计算精确度高、携带方便等特点。随着经济与科学技术的发展，它已日益深入到人们的生活当中，在会计核算、出纳业务以及其他经济活动中被广泛应用；它和算盘相辅相成。

一、电子计算器的结构和分类

（一）电子计算器的结构

电子计算器一般都是由显示屏、功能键、内存、运算器四部分组成。

显示屏在计算器的表面，可以显示从功能键输入的数据以及各种运算结果。

各功能按键也在计算器的表面，用来输入计算指令和需要计算的各种数据。

内存是电子计算器的仓库，用来存放指令和各种数据以及运算器送来的各种运算结果。

运算器在计算器的内部，是计算器的运算装置，是对数据信息进行加工和处理的部件，它的主要功能就是在控制器的控制下，完成各种算术运算。它能够完成各种算术运算（如加、减、乘、除）和三角函数、对数、复数等各种运算，还可以进行角度和弧度的转换以及坐标的转换。

（二）电子计算器的分类

计算器的种类很多，型号不一，但按其功能可分为两类。一类是简单型计算器；另一类是多功能型计算器。简单型计算器功能较少，只能进行一般的加、减、乘、除四则运算；而多功能型计算器除了进行四则运算以外，还能进行三角函数、对数、复数等各种运算。简单型计算器操作便捷，多功能型计算器操作复杂，现只介绍多功能型计算器的操作方法。

二、电子计算器功能键及操作方法

常见的电子计算器都有多种功能，在使用过程中可以自由选择。下面以SC107A 型计算器（见图 7-1）为例，介绍计算器各键的功能及操作方法。

图 7-1

（一）电子计算器的按键

SC107A 型电子计算器有按键 42 个，包括数字键、符号键和功能键。各键在使用过程中起着不同的作用。其中，数字键 10 个、符号键 10 个、功能键 22 个。

（二）电子计算器各键的功能

1. OFF

按下此键，可关掉电源。当此计算器停止操作约 8 分钟时，就会自动关掉电源。

2. ON/C

开动电源及删除（统计功能模式）按键。按下此按键开机，如果在操作过程中按下此按键，可以删除记忆外的所有输入。

2ndF ON/C 按下此二按键可以进入统计功能模式，显示屏就会出现"STAT"符号。

3. 2ndF

副功能选择按键，在使用时，配合其他按键，发挥其功能作用。

4. DRG

角度、弧度、斜率（量角单位转换）按键。按此按键在计算三角函数及还原三角函数时，可以转换量角单位。

5. hyp

双曲线（反从曲线）按键。

6. Sin Cos tan

三角函数（还原三角函数）按键。在进行三角函数运算时，分别使用以上按键。

7. F---E

记数模式转换（小数点位）按键。当数值以浮动小数点形式显示时，按下此按键可将数值以科学列数的形式显示。再按一次，数值将还原以浮动小数点形式显示。

8. CE

删除输入按键，删除错误输入的数字。如：123+455 CE 456＝579。

9. DEG

角度、分、秒显示模式按键。

DEG 2ndF 按下此二按键，可选择将量角单位以角度、分、秒或小数点位形式显示。

10. LN

自然对数（反对数）按键，计算以 e 为底的对数（e = 2.718281828）。

2ndF LN 按下此二按键，可计算以 e 为底的反对数。

11. log

常用对数（反对数）按键，计算以 10 为底的对数。

2ndF log 按下此二按键，可计算以 10 为底的反对数。

12. a

实数输入（坐标转换）按键。在计算复数时，此按键可输入或求计算结果中的实数部分；在计算解析几何时，按此按键输入直角坐标（x，y）的"x"值及求其"r"值，或输入极坐标（r，θ）的"r"值及求其"x"值。

2ndF a 按下此二按键，可将输入的直角坐标转换为极坐标。

13. b

纯虚数部分输入（坐标转换）按键。在计算复数时，此按键可输入或求计算结果中的纯虚数部分：在计算解析几何时，按此按键输入直角坐标（x、y）的"y"值及求其"θ"值，或输入极坐标（r，θ）的"θ"值及求其"y"值。

2ndF b 按下此二按键，可将输入的极坐标转换为直角坐标。

14. →

撤回按键。每按此按键一次，显示器的数字会向右方撤回一个数位，以便更正输入。

15. EXP

指数输入按键，以科学记数法输入数字。

16. Y

按此键，求 Y 的 X 次方。

2ndF Y 按下此二键，可求 Y 的 X 次方根。

17. $\sqrt{}$ $\sqrt[3]{}$

平方根（立方根）按键，计算显示数值的平方根（立方根）。

18. 1/X

倒数键，用于计算屏幕上数字的倒数。

19. 0~9

数字按键。

20. ÷

除号按键。按此按键，计算除数。

21. ×

乘号按键。按此按键，计算乘数。

22. −

减号按键。按此按键，计算减数。

23. +

加号按键。按此按键，计算加数。

24. X→M

记忆输入按键。将记忆删除，并将显示器中的数值输入记忆。

2ndF　X→M　按下此二按键，求数据的平方和。

25. RM

记忆显示按键，显示输入记忆的数值。

26. M+

记忆加法按键。按此按键，将显示器中的数值加上储入记忆中的数值。

27. +/−

正负号按键，更改显示器中的数值的正负号。如 5　+/−　−5。

28. .

小数点按键。

29. =

等号（百分率）按键，完成四则运算及其他计算。

2ndF　=　按下此二按键，可计算百分率。

（三）电子计算器的基本操作方法

1. 启动

当开始使用电子计算器时，按 ON/C 键。

2. 删除

使用过程中，如果出现错误输入，可进行删除。

输入数字　→ CE

例如：123+455 CE 456＝579。

3. 撤回

在数字输入中，如果出现多输入数字，可向右方撤回一位，以便更正输入。

输入数字 → →

如：12356 → → → → → 1 2 3 。

4. 计算常用对数

计算以 10 为底的常用对数，先按数字键，再按功能键。

输入数字 → log →

例如：10 → log10 →1。

5. 求反对数

输入数字→2ndF log →

例如：1→2ndF log →10。

6. 记数模式转换，将数值以科学列数形式显示

输入数字 →X→M F→E→

例如：1,000→X→M F→E→1×10^3。

7. 记忆输入

输入数字将其存入记忆中。

输入数字 → X→M→

例如：输入数字 120→ X→M →将显示器显示的数字 120 存入记忆。

8. 记忆显示

将存入记忆中的数字显示出来。

按 ON/C→RM→

例如：按 ON/C→RM→120。

9. 记忆加法

进行记忆加法时，可按→M+→

例如：120→M+→240→M+→480。

三、电子计算器的使用与维护

在使用计算器之前首先应仔细阅读说明书，了解计算器应如何使用，正确的使用与维护计算器可延长其寿命。在使用过程中应注意清洁，外壳有积污时，可用软的干布擦拭。严禁用汽油、酒精等有机试剂擦拭，严禁浸洗；按动按键要轻，按动速度不要超过运算的显示速度；计算器工作环境温度一般规定为 0～40℃，这是保证集成电路稳定工作的温度，超出规定温度范围将造成运算失准；注意防振，切忌重压或敲打、摔碰；注意防水防潮、防尘，并避开强磁场。

如果显示器出现模糊不清的现象，表示应该更换电池了。安装新电池应注意正负极性，不要装反。电子计算器长期停用时，除氯化银电池外，应将电池取出。

第二节　小键盘录入技能

一、小键盘简介

键盘按功能划分，可分为四个大区：功能键区、主键盘区、编辑键盘区、小键盘区。小键盘区又称副键盘区，是专门向计算机输入大量数字的重要输入设备，主要用于数字集中录入（见图7-2右部分）。掌握这个小键盘的操作是我们学习的重点。

图 7-2

该区的大部分按键具有双重功能：一是代表数字和小数点；二是代表某种编辑功能。利用该区的"Num Lock"（"数码锁定"）键可在这两种功能之间进行转换。除此之外，键盘右上角还有"Caps Lock"（"大写锁定"）和"Scroll Lock"（"滚动锁定"）两个指示灯。

二、正确的录入姿势

要想熟练运用键盘，录入姿势非常重要。有了正确的录入姿势，不仅可减轻人的疲劳感，对于提高速度也会起到事半功倍的效果（见图7-3）。

图 7-3

正确的录入姿势有如下要求：

（1）身体要保持平直，肩部放松，腰背不要弯曲。

（2）小臂与手腕略向上倾斜，手腕平直，两肘微垂，轻轻贴于腋下，手指弯曲自然适度，轻放在基准键位上。

（3）屏幕显示区域位于视线以下 10°~20°，身体与键盘的距离因人而异。

（4）手掌以手腕为轴略向上抬起，手指略弯曲，自然下垂，形成勺状。

（5）打字时手腕要悬空，敲击键盘要有节奏，击完键后手指要立即回到基准键位。

（6）击键的力度要适中。各手指分工明确，各司其职。击键时主要是靠手指和手腕的灵活运动来找键位，不是靠整个手臂的运动来找键位。

三、小键盘指法

计算机小键盘是向计算机输入数字，也是财务人员必不可少的操作工具，所以掌握小键盘的使用方法非常重要。要提高数字的录入速度，各手指负责的按键有严格的分工（见图 7-4）。

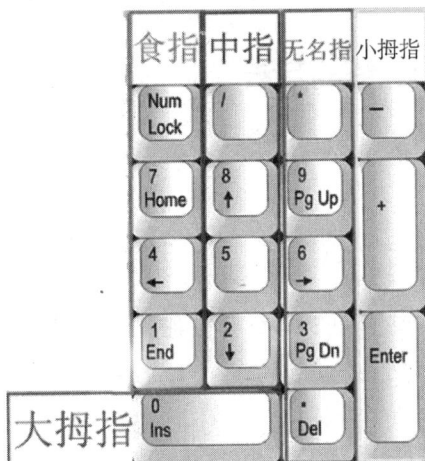

图 7-4

为了便于有效地使用小键盘，通常规定右手的食指、中指、无名指和小拇指依次位于第三排的"4"、"5"、"6"、"Enter"基准键上。其中"5"键上有一个小凸起，是用来定位的。当准备操作小键盘时，手指应轻轻地放在相应的基准键位上，按完其他键后，应立即回到基准键上。

各手指的分工如下：

（1）"Num Lock"、"7"、"4"、"1"这四个键由右手食指负责。

（2）"／"、"8"、"5"、"2"这四个键由右手中指负责。

（3）"＊"、"9"、"6"、"3"、"."这五个键由右手无名指负责。

（4）"－"、"＋"、"Enter"这三个键由右手小拇指负责。

（5）"0"键由右手大拇指负责。

手指各司其职

四、录入项目训练的方法

（一）数字盲打

【目的】

精力集中，操作过程中眼睛不看键盘，强调手、眼、脑的协调配合，做到眼到手就到。

【要求】

（1）坐姿端正。

（2）盲打指法分配准确。

（3）键盘盲打定位准确。

（4）掌握好节奏，不要时快时慢甚至停顿，要动作连贯，一气呵成。

【方法】

（1）从基本键位 4、5、6 开始练习。

（2）再延展到其他键位，每一次打完数字后，食指、中指、无名指都要回到 4、5、6 基准键位上。手掌上下浮动带动手指敲击键位，手指微贴键盘有节奏地敲击，指尖抬起幅度 1 厘米以内，幅度不要过大。养成良好的指法对以后各阶段大幅度提速极为重要。

（3）渐渐掌握不同键的位置，直到可以不用眼看就能准确无误地找准键位。

提示：正确率 100%。建议学生训练先准后快，不要急于求成。

【时间】

本项目训练时间不少于 4 周，每天不少于 1 小时。

练习一：加百子

借助翰林提计算器功能进行打百子练习，$1+2+3+\cdots+99+100=5,050$。

练习二：减百子

先输入数字 5,050，然后依次 $-1-2-3-\cdots-99-100=0$。

练习三：连加连减练习

把 123,456,789 连加 9 次，和为 1,111,111,101，随后再逐笔减去 123,456,789，直至减完为 0。

练习四：连加连减练习

把 1,234,567,890 连加 9 次，和为 11,111,111,010，随后再逐笔减去 1,234,567,890，

直到减完为 0。

练习五：连加连减练习

把 9,876,543,210 连加 9 次，和为 88,888,888,890，随后再逐笔减去 9,876,543,210，直到减完为 0。

练习六：竖式练习　　敲打 0147、00258、369

食指练习 1、4、7 键。147+147+…+147 连加 10 次再连减 10 次最后归 0。

中指练习 00、2、5、8 键。258+258+…+258 连加 10 次再连减 10 次最后归 0。

无名指练习 3、6、9 键。369+369+…+369 连加 10 次再连减 10 次最后归 0。

147,258,369+147,258,369+…+147,258,369 连加 10 次再连减 10 次最后归 0。

练习七：横排练习　　敲打 123、456、789

食指练习 1 键、中指练习 2 键、无名指练习 3 键。

食指练习 4 键、中指练习 5 键、无名指练习 6 键。

食指练习 7 键、中指练习 8 键、无名指练习 9 键。

123,456,789+123,456,789+…+123,456,789 连加 10 次再连减 10 次，最后显示为 0。

练习八：混合练习　　敲打 159、357、13579、24680

159 指法分工：食指练习 1 键、中指练习 5 键、无名指练习 9 键。

357 指法分工：无名指练习 3 键、中指练习 5 键、食指练习 7 键。

159+159+…+159 连加 10 次再连减 10 次。

357+357+…+357 连加 10 次再连减 10 次。

13579 指法分工：食指练习 1 键、无名指练习 3 键、中指练习 5 键、食指练习 7 键、无名指练习 9 键。13579+13579+…+13579 连加 10 次再连减 10 次。

24680 指法分工：中指练习 2 键、食指练习 4 键、无名指练习 6 键、中指练习 8 键、拇指练习。24680+24680 +…+24680 连加 10 次再连减 10 次。

练习九：盲打练习

老师报数，要求学生不看键盘找准键位，速度由慢到快。

相邻座位同学相互报数进行找数练习。

练习十：盲打练习

学生看数击键，渐渐做到盲打键盘。

练习十一：基准键的输入练习

445445　656566　664554　544466　554446　446456　645645　445566
645564　564564　456456　665544　445566　556644　554466　654654　546546
566445

练习十二：按指法规则进行拇指、食指键的输入练习

077444　071710　741700　147147　0714147　4401007　001044　144141
141441　444770　107170　007147　001044　041000　144141　774411　000170
007744

练习十三：按指法规则进行大拇指、无名指的输入练习

069609　333603　006039　606099　603366　933939　069690　306333
930600　990606　663306　939339　336699　693693　963963　0936309　063906
639639

练习十四：按指法规则进行大拇指和中指的输入练习

050082　285505　080820　008582　025085　025085　225550　280050
505582　028080　285800　580028　225588　085828　085280　085202　885522
225588

练习十五：按指法规则进行综合练习

4.33　173.18　1.948　222356　3.1415　8848.8　4.34　2004.8　765.98
786543　675098

（二）找页

【目的】

快速准确地找到每题的起始页，提高传票翻打的准确度和速度。

【要求】

（1）熟悉传票，首先进行找页练习。找页关键是练手感，能准确把握纸页
的厚度。如 10 页、20 页、30 页、50 页等的厚度。

（2）用左手迅速准确找到起始页数。

【时间】

本项目训练时间不少于 1 周。

练习一：单页翻找训练

（1）由教师报起始页数，学生快速翻找。

（2）由学生相互之间报起始页数，进行翻找训练。

练习二：多页翻找训练

教师给出一组起始页数，要求学生连续进行翻打。

每组数量由少至多（5 题、10 题、20 题……），循序渐进。

此项练习可以采取限量不限时和限时不限量两种形式。

练习三：

5、14、21、37、42、56、68、78、85、90……（有序找页练习）

练习四：

2、16、25、65、32、12、49、78、9、51……（无序找页练习）

【评价】

以找页的准度和速度作为评价标准。

表 7-1

标准	优秀（难）	良好（中）	合格（易）
以 20 题为一组测试（限量不限时）			
时间（秒）	8～10	11～13	14～16
以 20 秒为时间段测试（限时不限量）			
对题量	30～40	35～37	32～34

边输入边找页是提高运算速度的一种技巧，手感和经验都会影响找页动作的快慢、准确与否，所以必须加强练习。

（三）翻页

【目的】

左手连贯、快速、准确翻页，提高翻页技巧。

【要求】

（1）票页不宜翻得过高，角度适宜，以能看清数据为准。

（2）左手翻页应保持连贯。

【时间】

本项目训练时间不少于 1 周。

【形式】

（1）先采取看着传票翻页，熟练后再练习盲翻。

（2）翻页计算时，可先采用一次一页翻打，熟练后也可进行一次两页或三页翻打。

练习一：看翻、盲翻训练

用左手连续进行翻页训练。由少至多（20页、50页、100页），循序渐进。教师可以统一计时，学生快速翻页。

练习二：一页、多页训练

如一次翻两页、一次翻三页。此项训练难度较大，学生必须注意左手手指动作的协调配合，幅度适宜，切实到位。

【评价】

以翻页的速度作为评价标准：

表 7-2

标准	优秀（难）	良好（中）	合格（易）
以 100 页（限量不限时）			
时间（秒）	40	50	60
以 30 秒为准（限时不限量）			
翻页量	60	55	50

翻页练习是传票翻打的基础，只有左手能够很准确、连贯、快速地翻开传票每一页，才能快速进行传票翻打。

（四）传票翻打

【目的】

快速、准确进行传票翻打。

【要求】

（1）手、眼、脑协调配合。

（2）精神集中，翻打同步。

（3）加强练习，分步进行。

【时间】

本项目训练时间不少于10周。

【形式】

传票翻打要求眼、手、脑并用，协调性强，可以先练习第五行数字，因第五行数字在传票的最下方，便于看数、记数，不易出错，待第五行数字的练习达到一定熟练程度后，训练行次再逐步上移。

练习一：10 组 20 页翻打（限时 5 分钟）

练习二：30 组 20 页翻打（限时 20 分钟）

练习三：5 组 100 页翻打（限时 25 分钟）

【评价】

表 7-3

国赛成绩	优秀（难）	良好（中）	合格（易）
20 页/题（10 分钟）			
分值（分）	300 以上	200~300	100~200
占比（%）	10	50	30

快速翻页和找页训练，让学生熟悉传票，翻出手感。同时准确录入，减少退格使用率。传票翻页通过此阶段训练少数精英可以突破 300 分大关。每组退格使用次数少于 4 次，错误题数控制在 1 组，最高不能超过 2 组。

第三节　小键盘传票录入工具简介

一、键盘录入传票算界面介绍

（1）系统主界面选择【传票录入】进入【传票录入】目录。

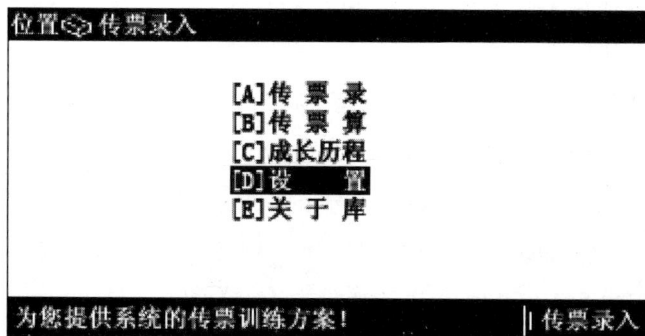

图 7-5

（2）选择"［D］设置"，进行相关设置。设置完毕后按［Enter］自动保存。

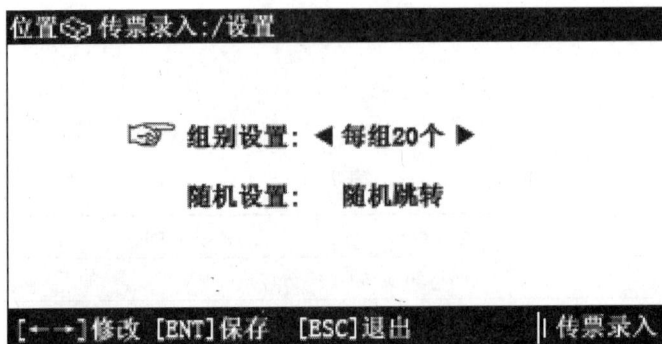

图 7-6

操作：通过［↑↓］键移动光标，［←→］键调整相关设置。

说明：此步骤只需在第一次使用时设置，或需要更改训练方式时设置。

（3）在【传票录入】目录下选择"［B］传票算测试"，进入【传票算】功能菜单。

图 7-7

（4）选择"［B］传票算测试"或者"［A］传票算练习"，二者的区别在于：

在测试模式下，系统可以保存最后成绩，并且可以通过无线模块发送测试成绩，该模式可以在比赛时使用。在练习模式下，系统不保存成绩，也不能发送成绩，但是可以保存成长历程，该模式在做练习时使用。

以下以传票算测试为例介绍：

（5）设置完毕后，按［Enter］键即可开始录入，录入界面如图 7-8 所示。

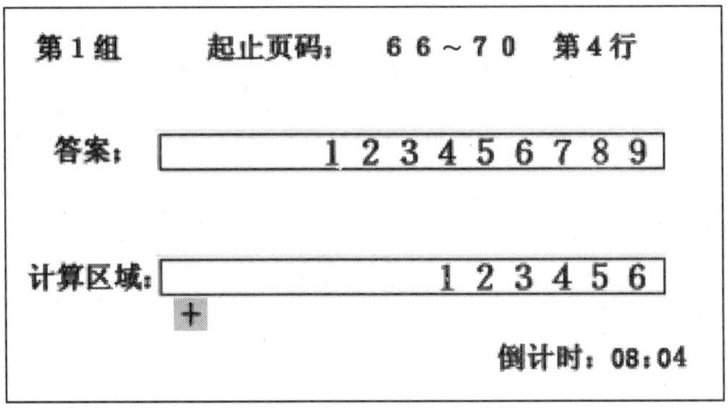

```
第1组      起止页码:  6 6 ~ 7 0  第4行


答案:        1 2 3 4 5 6 7 8 9


计算区域:         1 2 3 4 5 6
        +

                        倒计时: 08:04
```

图 7-8

上面部分内容为：当前输入的组别、当前组的起止页、输入的行序号。

中间部分内容为：上一组数据的最终结果。

下面部分内容为：当前组数据的计算区域，学生可以任意+/-计算。

用户推出或者倒计时结束时，系统会自动计算成绩，并且显示在屏幕上。

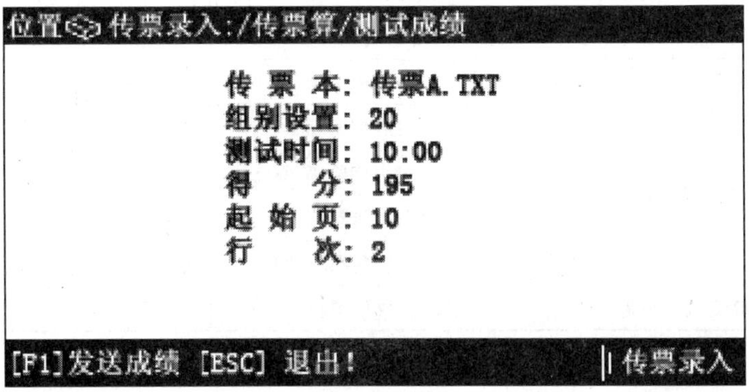

```
位置 传票录入:/传票算/测试成绩

        传 票 本: 传票A.TXT
        组别设置: 20
        测试时间: 10:00
        得   分: 195
        起 始 页: 10
        行   次: 2


[F1]发送成绩 [ESC] 退出!            |传票录入
```

图 7-9

例如图 7-9 中显示，时间 10 分钟截止时，共完成计算 9 组，最后一组结果计算到前 15 题并正确，合计 195 分。

二、专项训练方法介绍

表 7-4

传票训练计划表					
15 周每天 1 小时训练传票翻打（300 分）					
阶段设计	课程安排	课程内容	训练目标	训练内容	课时分配	训练时间
第一阶段 入门阶段	坐姿	正确坐姿	坐姿标准，熟悉机器使用		1 课时	每天 1 小时，分 2～6 次进行，每次不超过半小时
	数字盲打	记忆键盘规范指法	记忆手指分工	组别模式	1 课时	
		正确击键的指法	盲打要求正确	数字看打	2 课时	
		准确击键的指法	盲打要求准确	数字盲打	4 课时	
测试	数字测试	速度训练	200 字/分钟	数字文章		4 周
			170 分/10 分钟	商品编码		
第二阶段 初级阶段	整理摆放	捻成扇面，夹好夹子	传票封面向下凸出，便于翻页即可		1 课时	1 周
	找页	准确、速度	快速找到每题起始页		1 课时	
	翻页	页面不宜过高，角度适中、看清数据	左手能准确、连贯、快速翻开传票		1 课时	
	记页、数页	默念页数	养成记页、数页习惯		1 课时	
	传票翻打	限时 5 分钟	5 分钟传票算 140 分	20 题/组	2 课时	
测试	传票算测试	限时 10 分钟	10 分钟传票算 220 分	20 题/组		
第三阶段 中级阶段	传票算	20 题一组	10 分钟传票算 240 分	传票算练习	1 课时	6 周
			10 分钟传票算 260 分	传票算练习	1 课时	
			10 分钟传票算 280 分	传票算练习	1 课时	
			10 分钟传票算 290 分	传票算练习	1 课时	
测试	传票算测试	20 题一组	10 分钟传票算 300 分	传票算测试	1 课时	4 周

附一 鉴定练习

（一）普通六~四级鉴定练习

提示：（1）限时 10 分钟；（2）小数题保留两位小数；（3）准确题数达到 12、14、16 的分别确定为六级、五级、四级。

普通六~四级加减算鉴定练习

（一）	（二）	（三）	（四）	（五）
7,395	9,275	8,619	492	695,327
628	491	305	1,503	8,614
473,501	67,358	704,269	276	308
6,294	1,803	−471	2,684	52,647
816	527	3,527	571	461
30,452	926,148	498	326,049	9,072
7,508	693	−4,806	1,583	185,307
429	5,947	793	705	528
936,187	601	−548,126	92,431	4,386
306	31,284	7,053	6,947	509
2,164	805	−972	813	21,037
378	6,028	45,136	852,076	749
81,094	591	91,025	79,308	5,197
257	760,483	386	164	408
6,019	2,394	−7,012	5,098	1,832

（六）	（七）	（八）	（九）	（十）
502	961	8,024	431,697	1,953
74,896	302,685	581	−3,175	831
−2,149	−703	7,916	406	2,576
683	9,831	823	291,538	428
973,025	−504	50,436	−7,024	901,376
407	72,658	702	936	5,028
−6,085	−924	1,645	18,023	724
721	3,867	371	−6,358	90,168
43,952	953	982,065	702	4,613
961	2,604	4,719	841	805
−7,319	−108,247	631	−9,024	295,174
602	6,319	80,597	651	629
−3,054	853	3,052	87,396	8,072
817,549	−90,712	749	503	943
−3,608	5,274	148,036	−4,789	65,174

普通六～四级加减算鉴定练习

（一）	（二）	（三）	（四）	（五）
42,758	851	426,517	49,706	491
639	942,305	803	513	573,268
1,403	6,879	9,214	6,274	1,203
528	502	-507	168	69,047
691,027	3,614	-62,918	204,953	851
3,564	729	735	7,089	3,625
972	18,304	-8,694	36,174	704
8,013	957	308	582	813,249
469	8,016	9,021	9,203	5,786
58,107	402	-58,369	471	941
642	648,739	704	508,196	2,053
7,853	2,143	2,154	2,543	681
297	71,085	-693	816	70,392
351,604	926	720,138	7,029	864
8,019	4,376	4,765	385	9,057

（六）	（七）	（八）	（九）	（十）
5,874	479,638	5,638	724	208
-926	-1,302	914	68,359	9,431
674,305	964	30,526	-402	753
7,098	-7,085	791	6,315	971,062
-631	631	8,032	-759	5,476
4,257	52,784	624	931,428	18,042
803	391	806,195	7,869	529
-24,915	-5,024	4,536	-30,246	7,096
608	648	90,317	714	841
9,217	802,137	481	9,182	386,752
531	-6,875	6,895	603	9,021
-195,048	21,539	703	-508,749	835
3,254	603	257,614	2,413	6,497
81,692	-8,017	8,109	-705	502
-307	925	742	8,196	46,137

普通六～四级加减算鉴定练习

（一）	（二）	（三）	（四）	（五）
68,431	97,146	75,924	53,702	80,635
572	805	638	416	−794
9,036	3,629	1,074	8,259	2,158
749	702	805	683	−961
270,158	504,318	318,629	196,074	942,307
3,624	6,957	4,357	2,153	5,684
503	863	641	429	−725
8,916	4,921	9,207	7,085	3,081
407	307	518	396	692
38,215	65,148	43,962	24,701	−50,473
694	927	705	538	861
7,152	5,308	8,632	6,104	9,427
803	361	941	927	205
492,517	752,804	530,286	318,046	−614,793
9,068	2,193	9,701	7,985	1,802

（六）	（七）	（八）	（九）	（十）
651,249	948,752	6,143	327,509	153,087
−4,037	1,093	529	427	20,974
813	−702	80,376	−8,053	831
−7,608	8,536	941	618	6,295
947	−417	7,052	42,196	503
−5,302	20,958	583	502	873,614
481	9,724	974,026	−8,417	9,028
72,695	507	13,968	725	691
803	−261,948	702	905,683	7,524
−6,149	361	5,418	−2,014	306
427	−30,185	942	831	91,874
836,951	914	726,305	−9,476	205
20,875	7,036	8,179	582	8,631
961	−641	508	30,196	469
−3,024	6,735	4,351	−7,486	5,264

普通六~四级加减算鉴定练习

(一)	(二)	(三)	(四)	(五)
3,815	571	918	325	815
49,276	503,497	4,236	7,968	904,726
703	301	547	90,841	5,037
6,159	6,584	9,018	3,075	61,984
248	769	16,203	284	-925
702,614	3,021	5,927	471,693	8,317
807	48,352	406	582	406
3,521	7,149	693,158	2,074	-342,968
463	962	4,296	36,851	902
8,709	851,037	704	962	5,743
90,125	6,417	58,073	5,408	-685
4,186	70,259	841	173	9,012
639	306	7,026	691,305	-23,741
528,074	9,248	359	769	6,308
359	682	813,527	2,041	-517

(六)	(七)	(八)	(九)	(十)
80,136	947,138	8,706	741	925
471	-754	981	6,294	841,639
-3,095	9,028	5,234	-317	9,074
628	301	60,547	803,165	30,852
641,085	7,654	9,316	2,691	639
421	-82,769	841	-50,247	5,271
-7,965	5,381	703,258	851	408
807	603	8,396	7,493	863,072
-4,312	-297,054	804	602	643
59,436	1,805	92,174	-590,824	9,187
-8,025	-951	582	1,903	209
739	49,136	4,016	-421	6,453
629,174	-704	793	8,657	76,185
-7,285	6,832	725,169	98,703	4,072
307	206	523	-658	951

普通六~四级加减算鉴定练习

（一）	（二）	（三）	（四）	（五）
42,065	852,019	4,095	852	806
873	4,368	931	193,704	5,497
9,014	905	75,286	8,096	−351
528,769	6,172	407	573	64,278
1,503	531	315,926	2,614	−509
672	90,487	2,801	802	2,613
3,984	629	795	39,154	714,098
802	537,148	4,836	726	3,527
61,745	4,032	204	8,093	−894
936	971	51,367	471,685	5,106
240,518	6,058	948	9,402	402
1,907	426	1,052	516	−83,697
648	73,598	630,987	2,387	581
3,275	601	2,164	971	−462,073
931	3,274	738	56,043	3,192

（六）	（七）	（八）	（九）	（十）
573	504	6,085	53,294	402
80,964	7,216	721	741	9,831
721	946,352	8,493	963,028	795
−4,853	8,207	735	−9,587	18,602
936,201	−943	21,069	642	943
−5,497	1,605	481	−5,013	6,015
601	−597	759,603	971	253,184
−7,832	41,238	6,254	30,824	7,916
624	603	931	651	823
19,085	−197,258	8,027	−8,237	9,054
307	8,746	648	475,036	846
684,529	−513	90,157	−9,183	31,072
−5,431	9,402	823	504	529
802	806	5,094	−2,716	860,741
−7,619	−27,931	137,402	608	7,356

普通六~四级乘算鉴定练习

	（一）		（二）
	（限时 10 分钟,小数题保留两位小数）		（限时 10 分钟,小数题保留两位小数）
(1)	76×4,018＝	(1)	45×2,896＝
(2)	49×1,653＝	(2)	72×4,139＝
(3)	98×5,297＝	(3)	67×3,705＝
(4)	51×4,863＝	(4)	83×6,214＝
(5)	24×9,102＝	(5)	92×5,708＝
(6)	75×3,049＝	(6)	39×7,421＝
(7)	1,603×57＝	(7)	4,018×53＝
(8)	3,082×64＝	(8)	1,506×82＝
(9)	6,024×35＝	(9)	2,084×93＝
(10)	4,951×78＝	(10)	5,793×16＝
(11)	8,763×49＝	(11)	5,614×72＝
(12)	1,945×26＝	(12)	3,729×58＝
(13)	208×917＝	(13)	806×794＝
(14)	376×705＝	(14)	415×306＝
(15)	914×806＝	(15)	972×485＝
(16)	705×218＝	(16)	538×609＝
(17)	6.82×504.3＝	(17)	6.04×312.8＝
(18)	59.3×61.87＝	(18)	73.1×54.69＝
(19)	10.74×36.2＝	(19)	82.95×30.1＝
(20)	3,812×0.597＝	(20)	9,106×0.457＝

	（一）		（二）
	（限时 10 分钟,小数题保留两位小数）		（限时 10 分钟,小数题保留两位小数）
(1)	65×9,307＝	(1)	98×6,302＝
(2)	38×5,024＝	(2)	62×3,785＝
(3)	87×4,186＝	(3)	73×6,058＝
(4)	49×3,752＝	(4)	28×4,179＝
(5)	34×8,019＝	(5)	46×1,395＝
(6)	16×2,538＝	(6)	97×5,162＝
(7)	5,092×64＝	(7)	3,851×76＝
(8)	2,701×93＝	(8)	5,402×68＝
(9)	3,195×36＝	(9)	1,064×59＝
(10)	6,048×72＝	(10)	6,713×94＝
(11)	7,652×48＝	(11)	8,095×62＝
(12)	8,043×69＝	(12)	3,176×48＝
(13)	917×508＝	(13)	402×913＝
(14)	526×714＝	(14)	958×829＝
(15)	308×569＝	(15)	163×208＝
(16)	694×701＝	(16)	297×341＝
(17)	7.51×423.9＝	(17)	8.04×576.2＝
(18)	48.2×50.67＝	(18)	75.1×80.93＝
(19)	90.63×15.2＝	(19)	32.96×50.8＝
(20)	2,701×0.864＝	(20)	5,304×0.791＝

普通六~四级除算鉴定练习

（一）		（二）	
（限时 10 分钟,小数题保留两位小数）		（限时 10 分钟,小数题保留两位小数）	
（1）	61,800÷824＝	（1）	31,906÷602＝
（2）	28,535÷65＝	（2）	10,633÷49＝
（3）	2,996÷107＝	（3）	80,160÷835＝
（4）	55,986÷93＝	（4）	57,084÷71＝
（5）	34,974÷402＝	（5）	13,520÷208＝
（6）	36,656÷58＝	（6）	38,496÷96＝
（7）	29,704÷316＝	（7）	40,474÷413＝
（8）	39,579÷79＝	（8）	7,011÷57＝
（9）	7,585÷205＝	（9）	60,225÷803＝
（10）	16,512÷64＝	（10）	28,764÷94＝
（11）	49,542÷718＝	（11）	45,762÷526＝
（12）	4,056÷39＝	（12）	7,293÷17＝
（13）	634,382÷802＝	（13）	581,856÷608＝
（14）	388,025÷913＝	（14）	186,151÷917＝
（15）	452,960÷745＝	（15）	442,458÷523＝
（16）	221,544÷306＝	（16）	209,836÷418＝
（17）	79.3660÷8.24＝	（17）	4.30375÷0.602＝
（18）	212.3011÷50.7＝	（18）	0.10372÷0.0385＝
（19）	2.71107÷0.386＝	（19）	146.2338÷16.4＝
（20）	0.61380÷0.0719＝	（20）	57.7415÷9.57＝

（一）		（二）	
（限时 10 分钟,小数题保留两位小数）		（限时 10 分钟,小数题保留两位小数）	
（1）	37,944÷408＝	（1）	58,630÷715＝
（2）	7,560÷72＝	（2）	69,188÷98＝
（3）	23,384÷316＝	（3）	23,777÷403＝
（4）	78,470÷95＝	（4）	10,260÷76＝
（5）	23,712÷608＝	（5）	31,200÷325＝
（6）	18,352÷74＝	（6）	17,220÷84＝
（7）	14,673÷219＝	（7）	45,187÷619＝
（8）	17.535÷35＝	（8）	28,490÷35＝
（9）	56,523÷681＝	（9）	13.520÷208＝
（10）	24,678÷27＝	（10）	78,473÷97＝
（11）	26,195÷403＝	（11）	9,223÷401＝
（12）	12,213÷59＝	（12）	45,942÷62＝
（13）	324,000÷864＝	（13）	54,270÷135＝
（14）	780,975÷975＝	（14）	404,250÷462＝
（15）	187,824÷301＝	（15）	257,433÷807＝
（16）	91,168÷296＝	（16）	260,145÷369＝
（17）	38.8673÷4.08＝	（17）	6.62704÷0.715＝
（18）	1.22116÷0.163＝	（18）	4.53281÷3.08＝
（19）	572.6323÷94.2＝	（19）	98.7155÷19.6＝
（20）	0.30742÷0.0735＝	（20）	0.166521÷0.0204＝

普通六~四级除算鉴定练习

（一） （限时 10 分钟，小数题保留两位小数）		（二） （限时 10 分钟，小数题保留两位小数）	
（1）	29,274÷357＝	（1）	21,798÷519＝
（2）	7,714÷19＝	（2）	4,028÷38＝
（3）	8,034÷206＝	（3）	61,540÷724＝
（4）	36,048÷48＝	（4）	57,157÷61＝
（5）	16,716÷597＝	（5）	38,286÷709＝
（6）	10,899÷63＝	（6）	76,755÷85＝
（7）	6,048÷108＝	（7）	23,556÷302＝
（8）	37,968÷42＝	（8）	28,152÷46＝
（9）	13,689÷507＝	（9）	74,448÷792＝
（10）	12,848÷16＝	（10）	17,015÷83＝
（11）	21,168÷392＝	（11）	31,540÷415＝
（12）	16,464÷84＝	（12）	30,528÷96＝
（13）	151,272÷573＝	（13）	342,630÷705＝
（14）	612,576÷864＝	（14）	735,072÷806＝
（15）	107,217÷209＝	（15）	302,820÷412＝
（16）	115,182÷158＝	（16）	150,737÷307＝
（17）	62.1979÷7.39＝	（17）	313.2580÷51.9＝
（18）	320.3563÷50.2＝	（18）	5.0733÷2.74＝
（19）	4.95998÷0.831＝	（19）	0.3564÷0.0503＝
（20）	0.19176÷0.0624＝	（20）	4.47863÷0.846＝

普通六～四级综合鉴定练习

提示：（1）普通六～四级等级标准为：加减、乘、除各对6题为六级；各对7题为五级；各对8题为四级；（2）计算时应注意各种题目准确题数的均衡性。

普通六～四级综合鉴定练习

（限时20分钟,乘、除算小数题要求保留两位小数,以下四舍五入）

（1）	（2）	（3）	（4）	（5）	（6）
538	871	58,297	4,182	507,863	54,806
9,601	614,502	917	472,035	629	317
428	6,038	2,803	639	1,754	−2,841
169,057	25,947	469,257	7,359	2,608	502
632	468	518	602	539	−8,673
8,153	5,709	6,043	14,803	−74,603	915
91,407	361,924	824	419	−247	368,724
219	528	5,197	5,762	8,509	903
4,052	3,071	36,259	804	−731	−8,052
618,479	915	613	527,613	508,649	74,186
307	6,248	7,948	982	521	608
2,568	30,729	602	7,149	7,042	−7,192
406	308	749,538	36,075	−80,369	358,416
3,179	6,451	401	579	802	704
58,714	739	1,936	6,018	−3,914	−5,392

(7) 1,086×42 = (8) 94×5,378 = (9) 7,294×16 = (10) 63×8,241 =

(11) 315×709 = (12) 752×609 = (13) 33,332÷641 = (14) 17,112÷24 =

(15) 13,386÷582 = (16) 10,036÷193 = (17) 17,982÷37 = (18) 28,272÷57 =

（19）	（20）	（21）	（22）
64,308	507,849	504	824
−519	1,703	78,139	306,749
7,124	628	852	5,218
−902	5,937	−7,934	97,136
835,276	615	601	428
8,591	89,024	148,527	5,047
−406	963	−3,069	325
3,715	8,054	57,419	168,059
934	712	602	2,813
−76,028	529,638	−2,835	379
417	4,107	301	6,048
6,823	68,205	496,738	726
905	317	−9,026	90,135
−307,416	3,946	715	407
9,258	412	−4,826	1,965

(23) 19.48×25.3 = (24) 30.5×94.17 = (25) 2,806×53 = (26) 79×3,068 =

(27) 63.8803÷8.06 = (28) 241.5109÷39.7 = (29) 61,798÷106 = (30) 274,122÷582 =

普通六~四级综合鉴定练习

（限时 20 分钟，乘、除算小数题要求保留两位小数，以下四舍五入）

（1）	（2）	（3）	（4）	（5）	（6）
8,403	597,316	2,083	632	52,043	804,652
625	8,027	602	7,059	609	317
1,907	14,329	95,187	726	158,036	−73,298
682	958	305	2,018	−7,129	614
51,437	704,529	3,816	793	485	4,972
916	473	427	26,548	−1,736	−538
9,427	8,016	179,358	702	948	2,469
308	387	2,049	5,038	−4,203	1,305
573,194	1,329	36,154	419	591	−47,265
6,058	408	701	684,205	48,076	812
29,107	73,659	629,417	7,169	429	307,258
376	813	695	30,218	−2,705	−607
285,037	6,194	2,874	487	316	4,139
152	502	509	396,148	680,247	601
9,684	6,052	5,314	9,514	−1,938	−3,985

(7) $5,027×36=$
(8) $18×2,476=$
(9) $6,138×97=$
(10) $69×1,503=$
(11) $924×801=$
(12) $408×792=$
(13) $12,072÷503=$
(14) $10,045÷49=$
(15) $30,076÷412=$
(16) $25,972÷302=$
(17) $7,035÷67=$
(18) $63,988÷68=$

（19）	（20）	（21）	（22）
48,309	816	425,017	7,239
−752	531,297	304	504
5,083	6,438	−5,479	6,089
649	70,589	928	517
913,075	2,764	−1,653	71,623
2,416	415	823	508
−58,376	136,058	−6,487	1,836
923	903	539	927
−418,369	1,682	59,014	642,308
718	439	863	7,549
5,024	5,798	201,649	18,096
−217	604	−1,068	526
7,536	60,215	705	247,168
−428	479	−5,327	401
4,096	7,025	96,478	8,357

(23) $380.7×4.12=$
(24) $9.42×680.3=$
(25) $1,057×84=$
(26) $63×5,092=$
(27) $0.4788÷0.257=$
(28) $24.3498÷6.81=$
(29) $139,466÷509=$
(30) $218,484÷714=$

普通六~四级综合鉴定练习

（限时 20 分钟,乘除算小数题要求保留两位小数,以下四舍五入）

（1）	（2）	（3）	（4）	（5）	（6）
27,935	902	712	2,719	8,306	643
601	3,516	598,306	684	50,268	9,705
487,295	847	7,068	5,713	−934	−218
6,579	492,076	924	50,926	710,258	386,041
813	3,851	7,152	301	9,802	7,259
6,014	50,713	506	4,627	−416	−94,157
495	984	4,319	958	3,974	823
3,802	625,073	953	503,187	−728	609,147
842	916	27,148	4,962	5,361	1,879
16,037	4,829	523	16,824	715	503
412	273	6,849	509	−34,069	−8,263
5,738	1,608	701	736,184	574	−617
609	573	725,309	702	8,016	5,024
614,298	6,402	6,184	5,903	932	406
5,073	94,815	38,046	384	−479,125	−32,859

(7) 9,721×53＝　　　　(8) 35×4,689＝　　　　(9) 3,805×72＝　　　　(10) 74×3,952＝

(11) 426×108＝　　　　(12) 806×741＝　　　　(13) 47,376÷752＝　　　(14) 43,672÷53＝

(15) 16,632÷693＝　　　(16) 12,852÷204＝　　　(17) 28,656÷48＝　　　(18) 43,602÷86＝

（19）	（20）	（21）	（22）
6,139	9,013	154,809	56,128
38,915	527	−4,215	796
−627	4,085	763	2,038
403,518	839	318,659	514
5,132	6,427	−7,204	691,437
−749	826	49,026	5,028
6,027	45,017	837	27,804
−501	685	629	516
8,649	9,127	−6,243	392,407
408	403	805	1,042
−67,329	580,236	−1,738	638
708	9,417	612	5,196
3,149	16,379	−7,905	904
652	405	519	7,538
−207,548	281,369	78,043	973

(23) 20.59×30.6＝　　　　(24) 41.6×50.28＝　　　　(25) 1,907×46＝　　　　(26) 38×4,179＝

(27) 736.9653÷91.7＝　　(28) 29.3523÷4.08＝　　　(29) 150,598÷217＝　　(30) 403,326÷693＝

普通六～四级综合鉴定练习

（限时 20 分钟，乘、除算小数题要求保留两位小数，以下四舍五入）

（1）	（2）	（3）	（4）	（5）	（6）
805	197,264	907	9,057	3,978	537,126
6,724	8,327	408,356	426	−501	−49,856
849	50,412	712	8,103	53,746	302
806,153	896	9,846	2,867	924	713,689
7,216	397,245	315	904	1,608	−504
49,302	601	7,092	42,635	−823	1,792
785	7,835	7,156	813	420,597	−846
826,134	204	839	9,057	6,015	3,025
905	8,619	31,524	716	−38,745	612
7,624	6,045	702	319,482	219	−46,857
931	728	8,916	5,049	−206,578	305
7,508	20,413	604	27,634	439	2,719
5,934	916	208,375	801	6,081	934
617	7,835	9,438	159,467	−735	−1,608
91,302	905	61,523	823	9,214	4,089

（7）3,508×94＝　　　　（8）69×2,405＝　　　　（9）4,196×87＝　　　　（10）47×3,819＝

（11）702×618＝　　　　（12）826×507＝　　　　（13）35,052÷381＝　　　（14）11,832÷29＝

（15）17,765÷209＝　　　（16）55,269÷801＝　　　（17）16,254÷54＝　　　（18）46,272÷64＝

（19）	（20）	（21）	（22）
638	642,019	514,823	6,201
5,024	8,237	506	834
−729	50,976	80,912	68,079
846,213	413	749	527
4,059	824,709	−6,135	4,913
27,198	615	803	618
635	2,803	795.523	753,102
−406,219	957	−1,506	9,348
−835	4,136	38,209	16,087
4,052	5,109	746	524
−608	723	−7,302	395,108
3,685	57,968	946	726
3,712	416	−5,163	3,914
945	3,802	719	608
−79,801	507	−4,796	5,247

（23）685.1×9.02＝　　　（24）2.07×461.8＝　　　（25）1,385×62＝　　　（26）49×7,053＝

（27）1.7596÷0.375＝　　（28）6.2390÷4.06＝　　（29）77,490÷378＝　　（30）247,456÷592＝

普通六~四级综合鉴定练习

（限时 20 分钟，乘、除算小数题要求保留两位小数，以下四舍五入）

（1）	（2）	（3）	（4）	（5）	（6）
486	2,847	853	427	9,563	624
5,192	13,596	9,316	5,083	-428	308,175
408	802	714	16,948	956,014	964
512,067	649,731	8,205	597	7,239	-4,027
3,958	502	583	6,203	61,804	852
24,607	8,603	1,649	519	753	-9,316
913	184	27,095	623,178	-419,286	649
705,842	9,527	608	4,069	705	-2,057
631	205	7,314	35,718	5,138	38,106
9,714	8,361	602	402	-963	719
592	49,726	734,298	186,953	4,027	-8,452
6,038	375	5,017	742	-705	713
613	4,108	46,829	8,205	3,186	485,039
9,472	937	513	603	-49,217	-6,128
50,837	140,956	297,064	7,194	802	57,039

（7）1,356×97＝　　（8）47×2,038＝　　（9）7,429×65＝　　（10）28×1,679＝

（11）806×426＝　　（12）604×583＝　　（13）48,282÷619＝　　（14）21,172÷79＝

（15）25,272÷702＝　　（16）44,992÷608＝　　（17）9,047÷83＝　　（18）21,042÷42＝

（19）	（20）	（21）	（22）
2,869	27,951	419	613,048
-715	846	7,025	729
802,437	205,397	38,165	3,057
5,062	816	-624	518
-49,137	6,249	3,907	6,429
608	704	-628	729
724,159	5,138	913,584	5,308
-308	618	6,137	16,439
4,168	4,297	-50,248	402
629	50,328	719	7,185
-5,073	913	-358,026	406
308	6,074	419	719,326
6,149	359	5,927	4,915
-27,045	706,215	-703	38,062
315	3,804	1,648	957

（23）46.39×70.8＝　　（24）50.8×24.96＝　　（25）1,253×48＝　　（26）79×1,053＝

（27）2.1936÷0.513＝　　（28）54.8858÷28.4＝　　（29）48,048÷156＝　　（30）208,088÷703＝

普通六~四级综合鉴定练习

（限时 20 分钟，乘、除算小数题要求保留两位小数，以下四舍五入）

(1)	(2)	(3)	(4)	(5)	(6)
1,387	406	602	485	6,154	6,821
90,346	7,932	5,139	7,216	39,807	−704
751	815	718	938	−826	273,168
829,403	384,279	4,059	2,701	9,135	3,509
682	4,601	612	54,936	−703	−25,168
7,159	63,279	5,043	842	560,419	973
374	804	28,796	5,701	6,823	401,625
6,105	512,736	517	639	−58,419	804
827	915	8,024	162,075	602	−9,317
1,609	4,028	926	2,498	−374,958	596
43,825	607	459,308	14,057	317	8,327
371	9,348	5,712	862	6,204	−409
4,609	501	47,308	390,514	−829	3,812
528	9,432	519	793	5,106	−65,047
502,649	71,685	623,847	8,206	723	593

(7) 8,302×64 =　　(8) 46×5,709 =　　(9) 1,469×38 =　　(10) 85×3,046 =

(11) 357×219 =　　(12) 917×28 =　　(13) 29,986÷638 =　　(14) 16,514÷46 =

(15) 21,571÷407 =　　(16) 37,962÷513 =　　(17) 35,872÷59 =　　(18) 59,946÷97 =

(19)	(20)	(21)	(22)
8,045	715	485,937	506
70,316	6,048	−4,026	9,487
−428	362	814	26,103
596,017	5,904	671,502	519
−539	617	−7,934	6,284
8,426	5,089	69,205	603
−401	37,214	713	893,724
7,328	602	−7,609	9,156
945	7,359	315	18,427
8,376	416	−2,765	539
−15,029	409,385	903	706,128
408	2,076	−6,217	604
5,137	29,538	834	9,537
529	604	40,918	512
−278,613	168,239	842	8,439

(23) 31.06×45.7 =　　(24) 52.7×69.31 =　　(25) 2,018×57 =　　(26) 49×5,208 =

(27) 19.0274÷2.08 =　　(28) 241.641÷51.9 =　　(29) 231,240÷328 =　　(30) 282,051÷407 =

(二)普通三~一级鉴定练习

提示：（1）可采用一目多行打法；（2）限时 10 分钟；（3）准确题数达到 6、8、9 的分别确定为三级、二级、一级。

普通三~一级加减算鉴定练习

（一）	（二）	（三）	（四）	（五）
6,178,349	2,395,014	41,976,385	29.46	308,652.74
236,501	82,679	−302,917	930,452.71	9,128.06
86,714,029	5,307	8,624	763.05	75.13
5,628,347	40,156,832	−125,409	18,902.53	49,561.27
19,052	87,416	75,603,918	76.18	1,043.89
8,306	2,091,364	4,517,236	430.97	645,928.07
73,591,865	8,729	91,048	1,564.82	34,061.25
40,179	54,108	−5,068,237	168,430.52	930.78
3,579,462	726,593	2,795	7,096.48	86.14
2,051	27,954,361	62,780,354	53.19	513,769.43
87,413	801,759	−30,968	27,349.05	985.27
905,286	6,402	2,413,856	8,921.67	31,024.75
52,087,469	3,845,016	9,014	423,706.85	98.03
413,028	903,278	76,302	12,849.03	652.19
9,735	35,481,796	−948,175	175.68	8,370.64

（六）	（七）	（八）	（九）	（十）
507,321.94	49,061.27	5,028	210,583.64	61,398,507
−9,687.35	5,698.34	95,710,873	−67,920.18	−524,139
42.08	901,472.53	62,319	534.96	98,524
−61,283.49	89,516.07	5,741,986	72.04	−601,397
7,810.56	423.85	2,473	179,203.59	6,084
321,496.75	61.39	90,635	−60,197.38	−437,162
−645.07	608,241.98	712,408	64.95	97,825,031
81.35	703.42	72,409,681	821.57	6,739,458
280,463.01	50,689.27	635,402	9,346.02	−20,163
−695.24	53.84	9,157	−50,172.38	9,417
80,721.49	710.46	8,395,016	496,218.03	84,602,769
57.06	8,235.19	458,723	−834.15	−7,284,905
936.28	835,107.92	90,836,142	8,576.24	52,108
4,057.13	7,465.13	7,408,569	−31.79	4,630,875
−71,380.29	20.68	31,274	6,709.45	1,362

普通三～一级加减算鉴定练习

（一）	（二）	（三）	（四）	（五）
6,104,239	7,123,968	78,402,315	52.96	895,134.26
861,574	41,507	−968,104	50,467.83	7,092.15
97,063,452	5,912	2,963	2,059.18	30.74
8,946,035	84,013,654	−7,403,215	413,708.96	32,845.61
18,274	60,239	80,147,563	82,340.79	8,037.96
2,689	7,182,964	9,051,746	526.18	912,586.74
51,803,721	8,305	−29,358	60.23	60,128.57
37,906	73,026	3,709	951,247.65	304.69
4,583,169	914,785	62,914,832	713.04	48.01
5,072	90,642,537	−279,568	82,930.75	730,259.43
40,937	810,326	84,017	94.16	951.28
816,452	4,185	5,690,742	148.37	10,768.53
67,391,204	9,435,672	6,183	3,086.74	72.94
857,093	194,807	51,048	107,365.48	621.59
1,852	30,269,785	−927,563	9,214.37	8,036.74

（六）	（七）	（八）	（九）	（十）
430,681.97	3,160.29	54,179,208	329,570.86	53,968,017
−5,247.06	524,819.07	635,817	4,136.59	51,748
85.29	93,450.18	9,603	−74.18	−2,637,419
−38,790.16	637.29	4,981,027	−27,689.05	8,305
5,381.24	71.36	649,235	4,270.13	75,128
746,013.92	206,358.74	85,712,403	635,920.81	−412,807
61,572.03	824.15	7,268,314	−50,461.29	54,179,208
−859.14	93,401.86	96,025	748.03	−635,817
93.58	50.27	4,609	82.47	9,603
428,570.96	245.98	53,968,017	317,469.85	4,980,127
−406.37	1,984.75	51,748	−935.26	−649,235
72.49	218,467.59	2,637,419	61.38	85,712,403
640.17	3,025.48	8,305	536.09	7,268,314
3,016.79	63.07	75,128	6,029.85	−96,025
−15,263.08	61,578.94	412,087	−41,570.92	4,609

普通三~一级加减算鉴定练习

（一）	（二）	（三）	（四）	（五）
5,946,183	4,032,619	46,280,917	205.47	814,256.03
301,527	71,835	23,056	8,396.12	7,940.68
79,260,154	9,517	-8,417,532	306,478.25	52.19
1,709,386	68,402,139	4,068	9,162.08	76,183.05
84,502	45,278	97,214	74.13	5,237.49
6,428	6,039,754	-506,389	89,035.27	924,183.76
35,179,806	6,028	70,314,592	7,459.16	39,215.08
12,945	91,436	-683,957	416,305.98	607.24
7,306,421	728,501	4,108	51,430.72	84.06
9,357	92,536,714	5,607,294	829.46	573,910.82
86,103	805,197	-412,638	60.28	341.67
495,278	6,302	80,371,265	795,132.04	95,286.43
92,603,481	7,829,416	2,810,497	563.89	51.79
752,846	634,805	-95,613	17,408.65	803.25
3,079	30,529,487	7,539	31.97	6,179.04

（六）	（七）	（八）	（九）	（十）
85.24	508,749.23	40,168	801.43	39,760,158
90,146.38	95,487.16	7,042	-68.24	-924,513
-5,680.27	623.08	91,735,426	572.09	7,046
275,419.06	92.64	78,501	8,341.67	2,136,805
-62,584.13	319,576.48	3,962,087	519,280.73	-780,249
71.39	907.32	5,319	-26,395.01	49,763,182
806,243.15	51,842.09	42,796	6,147.35	8,437,605
694.07	75.31	501,834	92.68	-51,279
-28,579.16	641.98	28,659,047	-43,580.72	8,153
40.28	7,230.65	813,402	9,024.16	80,246,537
-318.65	408,712.96	6,935	691,850.34	89,612
9,407.23	5,036.24	1,025,749	-50,697.82	-4,073,198
417,589.36	81.57	679,138	30.57	6,402
7,023.91	32,479.16	38,562,701	240,687.95	53,987
-930.57	8,913.05	7,326,594	-734.19	-612,045

普通三～一级加减算鉴定练习

（一）	（二）	（三）	（四）	（五）
2,761,849	95,186	62,510,379	73,106.25	21.57
207,531	3,019	−749,582	93.56	49,380.16
73,859,402	52,378,194	1,046	814.07	7,294.53
4,730,691	30,768	−3,872,905	9,258.63	509,716.24
62,853	6,025,914	49,608,531	958,436.02	96,521.03
8,067	8,245	8,541,209	7,028.15	840.75
90,245,816	70,369	−73,964	43.79	92.08
70,435	814,752	9,187	16,502.38	418,670.23
3,297,618	84,732,519	30,156,792	9,416.75	926.57
1,295	961,704	−628,413	271,938.64	54,198.03
47,036	3,268	81,546	85,742.31	71.34
851,429	5,049,127	4,307,829	602.97	692.58
51,409,268	830,564	6,032	40.21	7,036.41
638,471	61,028,753	58,147	634,980.52	736,218.04
9,035	7,360,214	−962,503	417.98	8,506.93

（六）	（七）	（八）	（九）	（十）
182,769.43	9,462.01	9,582,436	392,870.54	17,065,832
−320.95	725,814.39	17,308	1,642.95	−942,073
5,034.81	60,798.23	5,213	−87.31	6,519
76.02	512.74	74,501,396	−59,064.27	3,782,405
−48,935.16	79.56	25,908	8,351.09	−613,897
7,490.28	819,543.07	8,247,136	614,370.28	49,215,068
503,261.79	324.69	6,047	−51,287.69	5,036,947
−40,176.58	10,765.28	92,518	401.36	−24,819
75.34	80.41	306,974	86.45	6,423
986,321.57	639.25	60,954,712	708,432.69	85,612,074
−704.12	7,043.18	813,296	−17,054.96	60,319
90,643.85	403,981.65	5,408	79.03	−9,873,245
68.29	2,753.06	7,261,934	528.14	5,178
417.03	98.42	502,786	6,392.07	30,629
−5,281.96	56,170.38	38,240,975	−213.58	−417,085

普通三~一级乘算鉴定练习

	（一）		（二）
	（限时 10 分钟，小数题保留两位小数）		（限时 10 分钟，小数题保留两位小数）
（1）	6,204×9,318 =	（1）	8,462×1,035 =
（2）	5,137×4,096 =	（2）	7,359×6,218 =
（3）	8,954×2,679 =	（3）	6,017×4,891 =
（4）	7,016×8,435 =	（4）	9,238×7,065 =
（5）	9,238×5,107 =	（5）	4,105×3,729 =
（6）	3,407×2,615 =	（6）	5,962×4,873 =
（7）	1,286×7,354 =	（7）	3,408×9,567 =
（8）	4,975×3,082 =	（8）	1,976×5,024 =
（9）	8,019×6,273 =	（9）	2,103×8,945 =
（10）	2,365×1,804 =	（10）	4,857×3,206 =
（11）	80.74×596.3 =	（11）	20.96×715.8 =
（12）	629.5×41.87 =	（12）	817.4×69.03 =
（13）	471.63×205.8 =	（13）	658.39×402.7 =
（14）	590.8×671.42 =	（14）	710.2×893.64 =
（15）	142.63×950.7 =	（15）	360.58×271.9 =
（16）	871.5×306.49 =	（16）	947.3×521.86 =
（17）	930.62×875.1 =	（17）	514.82×903.7 =
（18）	785.4×103.29 =	（18）	607.9×124.53 =
（19）	390.41×768.2 =	（19）	165.23×409.8 =
（20）	256.7×189.34 =	（20）	479.8×310.56 =

普通三~一级除算鉴定练习

（一）		（二）	
（限时 10 分钟,小数题保留两位小数）		（限时 10 分钟,小数题保留两位小数）	
（1）	$771,898 \div 3,607 =$	（1）	$3,451,023 \div 6,309 =$
（2）	$5,760,252 \div 954 =$	（2）	$7,990,136 \div 872 =$
（3）	$616,550 \div 1,298 =$	（3）	$2,984,220 \div 4,215 =$
（4）	$1,632,596 \div 796 =$	（4）	$5,670,648 \div 972 =$
（5）	$3,274,817 \div 4,823 =$	（5）	$6,462,830 \div 7,165 =$
（6）	$600,606 \div 547 =$	（6）	$3,522,904 \div 817 =$
（7）	$3,323,493 \div 6,189 =$	（7）	$2,986,496 \div 4,912 =$
（8）	$3,252,993 \div 501 =$	（8）	$3,734,784 \div 384 =$
（9）	$3,562,888 \div 4,172 =$	（9）	$6,049,885 \div 7,405 =$
（10）	$1,149,318 \div 953 =$	（10）	$3,749,214 \div 826 =$
（11）	$795,894 \div 2,046 =$	（11）	$3,249,108 \div 5,309 =$
（12）	$3,778,292 \div 518 =$	（12）	$4,091,978 \div 814 =$
（13）	$32.7332 \div 6.3205 =$	（13）	$2,377.74 \div 295.38 =$
（14）	$1,517.59 \div 73.8 =$	（14）	$2,162.49 \div 60.1 =$
（15）	$2,622.34 \div 579.23 =$	（15）	$2,162.40 \div 285.06 =$
（16）	$51.3169 \div 0.0704 =$	（16）	$7.21022 \div 0.0703 =$
（17）	$7,371.92 \div 918.46 =$	（17）	$1,303.99 \div 412.97 =$
（18）	$25.18208 \div 0.0529 =$	（18）	$585.224 \div 0.825 =$
（19）	$9.909121 \div 1.0378 =$	（19）	$6.83028 \div 3.6401 =$
（20）	$246,177.6 \div 916 =$	（20）	$635,068 \div 694 =$

附二 人民币防伪特征

1. 固定人像水印　2. 胶印缩微文字　3. 全息磁性开窗安全线
4. 胶印对印图案　5. 手工雕刻头像　6. 隐形面额数字
7. 光变油墨面额数字　8. 白水印
10. 双色异形横号码
9. 雕刻凹版印刷
11. 凹印手感线

附图 2-1

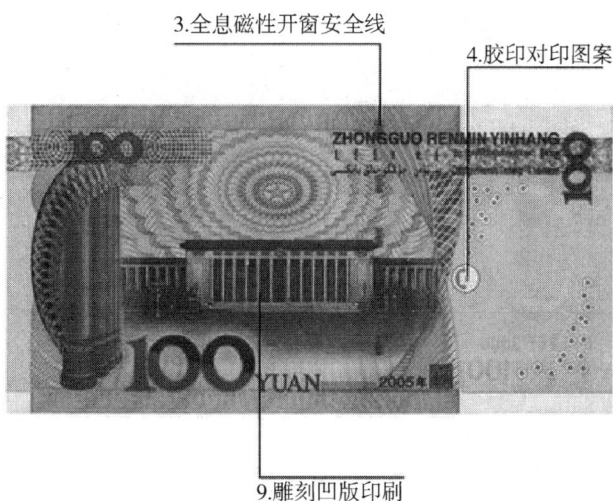

3. 全息磁性开窗安全线
4. 胶印对印图案
9. 雕刻凹版印刷

附图 2-2

1.固定人像水印

2.胶印缩微文字

3.全息磁性开窗安全线

4.胶印对印图案。

5.手工雕刻头像

6.隐形面额数字

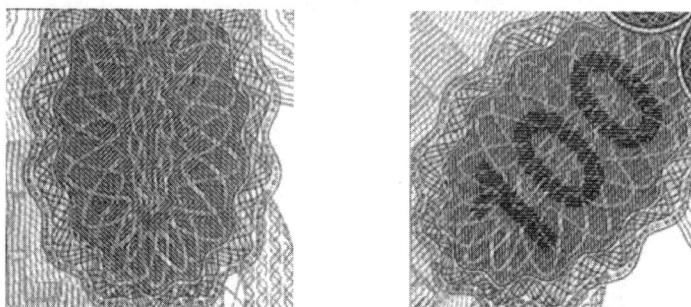

7.光变油墨面额数字

8.白水印

9.雕刻凹版印刷

10. 双色异形横号码

11. 凹印手感线

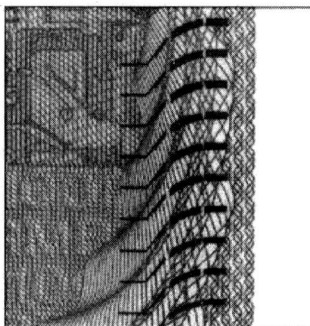